賢妻良母 × 失敗記

掙脫束縛，女人們自我覺醒的生命故事

陳玉梅——著

感謝與我分享生命經歷的姊妹朋友們；

還有我的母親和姊姊，總是那麼愛我，支持我。

也謝謝錦動共同分擔家務、撫育陪伴我們可愛的兒子，

支持我的採訪寫作生涯。

【推薦序】

非典型女子的反抗

林志潔／交通大學科技法律研究所特聘教授

閱讀玉梅的採訪和人物描繪，一直是我在法律路上重要的學習管道。我們念了法律，就是用公權力去介入別人的生命，不努力了解人而介入別人的生命，不但自己造業、更製造了別人的悲劇，是最糟糕的法律人。玉梅總是以社會學的專業與記者的敏銳，加上對人世的通透慈悲，讓我們看到一幅幅的眾生相。

《賢妻良母失敗記》是玉梅的新作，採訪了橫跨四、五、六年級的多位女性，她們的共通點是人生遭遇了夢幻的破滅——進入婚姻、當一個賢妻良母，受大家稱讚的「幸福女人」。

「賢妻良母」是一個很有意思，值得思考的詞彙。看到這個書名我一直在想，與這個詞彙相對應的，用來形容進入婚姻的男士，也就是作為丈夫、父親的人，社會對他們有什麼期待？我們有什麼成語可以來形容？以本人絕佳的中文造詣想了幾天，答案是：沒有。我想不出來。

簡言之，父權社會對於女性有進入婚姻的期待，對於進入婚姻的女性也有期待，對於成為母親的女性更有期待，成長在這樣的期待下，女性如何定義自己的人生、定義自己的成就，也就受到了侷限，所謂的刻板印象，就是這樣來的。

賢妻良母的意思就是，女性的社會功能是「輔佐人」而不是「主人」，女性的存在以輔助「一家之主的男性」為最高價值。這個就完全可以解釋民法在一九九五年之前，「妻以夫之住所為住所、妻冠以夫姓、子女冠以父姓、管教子女意見不一致以夫之意見為意見，離婚時由父親優先取得監護權」這些規定的由來。

所以，當書中的女性，不願意或無法成為別人的輔佐人時，自己到底要什麼的探索，才真正的開始了。

＊　＊　＊　＊　＊

我是幸運的女子，因為我的成長很偶然與意外的，沒有受到賢妻良母期待的桎梏（雖然到了適婚年齡和進入婚姻後，也經歷了一番調適），我一直是一個自主性極高的人，生平最討厭就是受到刻板印象的拘束，「成為輔佐人」這件事情，從來不在我思考的範圍內，因此，與書中的主角們相較，我省去了許多築夢、夢碎後才自我探索的時間。

但那也不代表我比較輕鬆，非典型女子所面對的就是外在環境的直接挑戰。

為人女為人妻與為人母，卻同時堅持要當自己的主人，是很困難的挑戰。父權社會滲透與同化人的強度很高，當父母帶著孩子去打疫苗，護理師只對著母親說話、學校不管發生什麼事情，第一個一定聯繫媽媽；母親節時要求孩子填寫「媽媽的拿手菜」（相反的，父親節時則要孩子填寫「我和爸爸相處最難忘的事」）；教育部核定的國語課本竟然還有嫁娶婚「新娘要拜別父母才能出嫁」的橋段……在這種現實中，身為一個「非典型的媽媽」，只能時時教育自己挺身對抗，告誡自己不要掉入社會刻板印象的陷阱中。

接著，還要反向教育家人：父親做菜也很棒，媽媽的工作是媽媽的志業和理想，對媽媽很重要；照顧孩子是全家的責任不是媽媽一人的責任；而所謂的結婚是「你離開你家、我離開我家、我們建立新家，而不是我嫁進你家，疏離我和父母的關係」。這些反抗和教育，當然，很辛苦。但是我辛苦得很精彩，很豐足，很快樂。

＊　＊　＊　＊

我想說的是，人類五千年的歷史，女性能在法律上被視為一個主體來平等對待，不過是近一百年的事情，五千分之一百，就是我們目前的處境，不管改革的腳步再怎麼快，社會、文化的因素，依然盤據、深刻影響著我們，因此，我們怎麼可能是在一個理想中的平等社會？絕對不可能的。

但是，當我們想到，我們的曾祖母一輩，可能連存活都無法自主、連受教育都無法自主、連婚姻生育都無法自主，我們今天站在這裡，可以討論著是否要成為輔佐人，如何不要被迫成為輔佐人，這又已經是多大的進步？

恐懼，是許多女性沒有辦法邁出第一步的原因。恐懼成為自己的主人、恐懼別人的眼光和批評，恐懼失敗。因此，「勇氣」是扭轉命運最重要的因素，也是我認為這本書想傳達的、最重要的訊息。經由旁觀他人的生命經驗，了解到許多人也歷經掙扎、痛苦，在失落中重新建立自信，從破碎的夢裡，找尋自己真正的所愛。如果，那麼苦，也可以站起來，我們每一個人，也都有為自己作主的能力。

「幸福」從來不是存在於別人的評價，尤其是來自於父權社會的評價，如果女性能更早一點認清這件事情，我們的勇氣或許會湧現得更早一些。我們這一代人的努力，不外也就是希望未來的女性有更多的選擇：選擇成為輔佐人是自己的選擇，不想成為輔佐人，也能走出自主的路。

相信每一個妳／你，都能在這本書裡，得到為自己作主的勇氣。

【推薦序】置之死地而後生

盧郁佳／作家

一年前在KTV遇到作者陳玉梅。幽暗大包廂坐滿十多個同事朋友，螢幕迷艷光影投在每個人臉上身上變幻不定。

動力火車樂團MV中，兩個迷茫憂鬱的滄桑男子，披散長髮咬牙切齒彈著吉他，歌詞中有一種無奈的溫柔：男人得知被甩，同居女友要走還繼續撒嬌討拍，哭著不肯走。男人無怨無悔照顧她情緒，最後抱一下聞聞她的長髮，提醒她再不走天要亮啦。我錯愕，搞不懂歌詞中的女人是要走還是不走，她到底要什麼。如果男人正色要求「既然不想走，那妳就跟外面那男的分手留下來」，不知女人會不會打個冷顫，醒來自動拎起行李箱上Uber頭也不回離開。但這男人就是不會說破，這女人也不會行動，在殘暴中存在著只有兩人才知道的信任安全網。

這兩人一定分過幾次了，分完一陣子就痛苦想復合，復合一陣子就痛苦想分手。復合後問題毫無改善，也早知分手後痛苦不會斷根，以致對分手的纏綿儀式流程默契於心。他倆面前展開的是一條荊棘長路，尖刺嵌進了腳底拔不出來，皮膚黏著乾涸的黑血，傷痕累累，苦路不見盡頭。我以為分手就算谷底、停損就沒事了，但他倆的痛苦還沒完，故事不會結束。包廂沙發角落擠著個青年，把自己藏在大鬍子大外套裡，卻把這首歌掏心掏肺唱完了。那情緒像一陣冰風吹透我腳底，回神只好猛嗑桌上的冷盤豬腳、喝膨大海熱茶壓驚。我挫賽。KTV真是兵凶戰危，天使縱有雙翼，也不敢涉足如此險地。

陳玉梅說在寫書，採訪幾位女性寫她們的故事，寫得很難受。這些故事，一般人可能一開始接觸就想逃，因為當事人沉浸在自己的情緒太深，難以自拔，她旁觀也不贊同。但後來她接納了這就是當事人必經的過程。陳玉梅當時寫的，就是這本《賢妻良母失敗記》。

* * * *

書中的七椿婚戀生命史，表面常見，骨子裡凶險無比。每位受訪者都是倖存者，透過層層迷霧去捕捉自己飄忽的痛苦。那總是隱埋在「我這樣已經很好了」、「我很感恩」、「我現在過得很好很快樂」的背後，遭遇過多少次羞恥自責和合理化的交互攻防。能夠說出來，是多麼艱難。能夠寫下來，是多麼艱難。

資深人物記者陳玉梅，是一位將跑新聞當成做社運的可敬先行者。在主流報章雜誌一面歌頌企業家、名流成功與富裕，一面窺探藝人劈腿、外遇、婚變作為補償的世界裡，她為《蘋果日報》採訪了公娼、跨性別人士、街友等的邊緣困境，在報上揭露社會犧牲了哪些族群來成就浮華權勢。當年做這些報導並不討好，往往被視為獵奇，熱血記者們還常因遭受意想不到的內外反彈，而身心俱疲萌念放棄。

陳玉梅沒有沉默以對。《賢妻良母失敗記》透過七位堅毅女性的人生抉擇，探討賢妻良母價值標準潛移默化的宰制。讀這書需要非常慢，讀完奇峰突起的戲劇化情節，再回頭從平實行文的字裡行間讀夾縫文章，未明言的矛盾掙扎，難以啟齒的奢望，在字面以下等讀者打撈、端詳。

賢妻良母的標準是什麼？主要是配合父母、丈夫與婆家的一切要求，並在丈夫失能時積極補位，替丈夫擦屁股收拾殘局，謙卑再謙卑，原諒再原諒。

何謂公平，是以滿足丈夫的利益來界定的。如果主婦要求家務有給，丈夫得付薪水給她，那麼賢妻良母會覺得這位妻子太愛錢，這樣對關係沒有幫助。如果丈夫下命令，妻子反抗，那麼賢妻良母會覺得這位妻子太霸道太兇，男人不喜歡，這樣沒有好下場。賢妻良母知道該配合丈夫，因為知道丈夫不會配合賢妻良母。既然估計自己沒有贏面，那麼她不想製造衝突，落得大家難看。既然只要自己讓步就沒事，那麼她就願意盡力配合。如果丈夫外遇不道歉，那麼她會主動道歉。如果丈夫不原諒她離婚，那麼她會主動原諒丈夫。只要結果能關係和諧，她不計較單方面付出一切。

如果賢妻良母的道德標準她不認同，「標準」只能靠著人多勢眾威嚇她，而她可以像男人那樣陽奉陰違，那麼她終究會逃亡，這些標準無法偷走她的人生。然而有時她衷心相信賢妻良母之道，無論過程有多艱苦，終能換取幸福。即使到頭來不知道事情怎會出了錯，那麼也是自己做得不夠完美，至少努力過，心安理得。

賢妻良母是一種民族宗教，因應解釋為奴的苦難需求而生，把痛苦包裝為公平的懲罰和考驗，所以再多的失敗實驗都無法證實錯誤。書中每一對伴侶的衝突，都像動力火車樂團 MV 那樣隱含著多重真相。

賢妻良母觀點的問題是，它封印了女人內心某些重要的真相層面，斥責它沒有資格說話，以致問題循環無解。

* * * * *

有時賢妻良母像是一種樂觀開朗性善論的人本主義，基於已經結盟而要求自己信任對方，以共同體內部「自己人」的慷慨好客，放棄權衡得失，在親密關係中付出而不求回報。放眼長遠的互惠平衡，而在每個當下對伴侶不設防，開放予取予求，無條件地接納。

人們相處要求公平，哲學家漢娜・鄂蘭（Hannah Arendt）說，但友誼當中不需要公平。如果超商店員少找一塊錢，我們可能不接受，但同時我們卻願意請朋友吃飯。這種有條件的同理和開放，也是人類重要的生存機制，只是被系統化地濫用了。當女人落入親密關係的霸權陷阱，卻阻止自己意識到真相，阻止自己表達不滿，她的付出煞不了車、回不了頭時；性別平等就被發明出來因應衝突，宣布戰爭狀態，樹立界線，保衛界線。

賢妻良母角色之所以能延續，確實有其功能：維持和諧、信任，堅持和平，避免丈夫感到受攻擊，敵意防衛、語帶譏刺、抗拒溝通。然而，即使丈夫心情很好，仍照樣不可溝通時，那麼，當個賢妻良母所為何來？

賢妻良母所滿足的傳統功能，正是制度所匱缺的：雙方源於自尊自信的安全感，相信關係並非零和遊戲。如果只有女人單方面相信和平、堅持非暴力，那註定只有犧牲，而無法成就和平。所以賢妻良母路線像太空梭的燃料艙，過了初始階段就該拋棄，衝破雲層闖入更高更深遠之處。女人必須犯錯，必須犯罪，必須去做過去自己眼中不夠好的自己。可能在星雲深處也有和平，但那卻是在起始點所無法想像的和平。

真實的和平，要通過置之死地而後生的挑戰，需要整個村莊一起促成。需要政府和社區支援母職，需要階級分配的公平正義，需要對女人友善的媒體文化。女人「超越」賢妻良母的成長，往往被外人看成「負」賢妻良母，因為「做得不夠完美」而導致婚姻失敗、人生汙點。歧視、羞恥、汙名會二次孤立受傷的女人，恐嚇她們不敢輕言放棄婚姻。而女人之間的深度理解和支持，是當事人生活品質的保障。

《賢妻良母失敗記》功在打破高牆，建立連結，讓女人理解女人，倡議團結，阻止分化。如果回家過年遇到長輩逼婚，或勸妳不該離婚，那麼送她一本。這七位受訪女性和作者，手牽手圍在身邊保護妳。她們會把敵人繳械，變成盟友，把愛恨矛盾起伏交織激烈的情緒荊棘險境，變成妳展翼飛翔的起點。

【作者序】

「結婚生子才是正途」的迷思仍存

一九四九年，西蒙波娃（Simone de Beauvoir）在《第二性》裡寫道：「謹防婚姻，謹防母職，謹防男人。不一定要避開他們，但是要小心。」如今聽在女人耳裡，仍如暮鼓晨鐘。

女人，長年來都得經歷同樣的困擾：當你成年，周遭人開始探問，有沒有男朋友？當你有了男朋友，周圍人又開始追問，何時結婚？……社會還是非常蠻橫的規定女人必須要結婚。許多女孩從小就被灌輸，直到遇見一個讓她們神魂顛倒、改變她們生命的男人，她們的人生才算開始。

未婚女性被認為是被迫、不快樂且不完整的，彷彿她們哪裡有問題，才會單身。流行語裡，充斥著對未婚女性的偏見與歧視，像日本作家用「敗犬」來形容三十歲未婚女子；《俗女養成記》裡，女主角自嘲是魯蛇。

彭佳慧主唱的《大齡女子》兩段副歌：「我們都曾經期待能嫁個好丈夫，愛得一塌糊塗，也不要一個人做主，想像未來可以手牽著手的路，相信緣分的人，好像就不會這麼辛苦。我們誰不曾期盼有一份好歸宿，能夠直到永遠，幸福啊不會被攔阻，總有一天可以被所有人羨慕，真愛也許只是遲了一步……」把找到好男人視為女人單一價值，如果女人一直遇不到，好像人生從此辛苦悲慘，難以幸福。婚姻是對女人的肯定，女人自己也需要這方面的肯定。

進入婚姻生活，其實充滿著許多困難的決定，但是這些充滿矛盾的問題，在婚前早就因為愛情被擱置一邊。社會普遍要求妻子去擔任輔佐跟照顧先生的角色，女人將自主權交給先生，隱身於先生之後，鮮少想到自己的需求與慾望。社會瀰漫著女人需要男人肯定的想法，女人拿與男人的關係來界定自己，將照顧好男人，當成自己存在的價值。

時至今日，很多傳統家庭還是將女人當成生育工具，甚至還有女人因為遲遲無法生育，被迫不斷做人工生殖，或者被夫家要求離婚；或是同意先生去外面另找女人。女人總要生了孩子（而且常常還要是兒子），才會鬆一口氣，覺得達成婚姻、甚至自己人生的最重要任務。大多女人負起多數家務跟照顧孩子的工作，先生則逕自去發展自己的事業。「賢妻良母」仍是許多女人追求的動章，因為它最被社會認可跟辨識。

很多人可能會說，現在的女人早就不用這套過時的社會標準來要求自己了，許多女人獨立自主，有自己的事業，選擇越來越多。但是當我深入四、五、六年級女性的真實生活世界，我驚訝的發現，許多女人仍苦苦困在社會對賢妻良母的要求裡。

寧可結過婚再離，最怕結不成婚

我認識美貞時，她剛過完四十三歲生日，單身的她任職出版社，雖然是個小主管，但是她跟所有編輯一樣，每天有看不完的書稿，經常超時工作。她跟男友在外租屋同居，兩人賺的錢雖買不起房，倒也足以過著用好吃好的小確幸日子。美貞的母親是個全職家庭主婦，把家打理得極好，到現在快七十歲了，身材仍維持得很好。她母親總以哪裡做不好來質問自己跟女兒，甚至當婆婆後，堅持二十四小時幫兒子帶孫子，做得面面俱到，就怕媳婦娘家有一絲批評。

美貞長期在這種家庭文化氛圍中成長，也套用母親看待自己的視角。以前美貞總覺得母親為了做好賢妻良母，控制欲太強，堅持家裡一塵不染、每天做飯，實在是太費事了。可是不知不覺的，她也跟母親一樣，以做好家務而自豪。她在家勤於打掃，燒得一手好菜，每週堅持上傳統市場買菜，每天下班一定立刻趕公車回家做飯給男友吃。

從十八歲交往第一個男朋友，美貞就一直想結婚，卻始終無法如願。現在這個男友是她交往的第四個了，卻因為男友母親認為她年紀比兒子大，可能無法生育，反對他們結婚。兩人經常為此事大吵，吵完，男友拂袖而去，美貞就跑出去找朋友喝酒解悶。

每次酒醉了，她就開始跟朋友哭著細數她在每一段感情中的付出跟犧牲，「為什麼我為男人做這麼多，這麼努力，卻結不成婚？」朋友都勸美貞，既然不生小孩，跟男友同居就好。美貞說，她寧願結婚後離婚，也不要當個沒辦法結婚的女人。

我很意外一個六年級中段班生，出版界的文化菁英，可稱作「知青」的女人，即使經歷過解嚴、知識的啟蒙跟女性主義的洗禮，卻仍用「結婚與否」來界定自己的價值。

不是說，現今擺在女人前面的選擇很多嗎？尤其在公共領域中，女人可以追求自己的事業跟野心，可以出國讀書、旅行跟冒險，可以選擇跟上一代不一樣的生活方式，可以性解放……可是，為什麼美貞的選擇看起來還是這麼狹隘？

阻礙源於不自覺複製原生家庭的深刻印記

採訪這些女性，讓我更深刻的感受，我們受原生家庭的影響竟是如此之深，不自覺的複製著上一代父母的價值觀跟家庭模式。當男孩進入青春期，父母教導他的是訓練自己有一技之長，釐清自己的興趣跟目標，為未來做準備；女孩則被教育要溫柔體貼，將注意力放在吸引別人，跟別人和善相處，成全別人。

當男人問，自己的需求是什麼；女人則是問，別人的需要是什麼、自己要怎麼滿足別人。於是，女人提供男人情緒支持，但是不認識自己；她幫助男人完成他的事業跟夢想，卻忘了自己的成長跟目標。

女人比男人更難建立起堅實自主的自我感，也是因為，女兒跟母親的關係太近了。全職母親在一個孤立的家庭環境中，獨自負擔對孩子的責任，她在婚姻裡面臨到的挫折、對人生的缺憾跟不滿，很容易導致她向女兒尋求感情支持，或是將女兒視為延伸，女兒往往成為母親的替代品。

女人除了較難建立充分的自我感，更難掙脫母職，是因為女人對母親的認同，以及她身為女性所受的角色訓練，讓她們很容易在自己跟女兒之間，重建起自己跟母親關係的心理情境，認為自己應該不計一切代價去克盡親職。

一代代的女人重複踏上母親的足跡，放下自己的感受、想法跟喜好，將生命完全傾注在所愛的男人跟兒女身上。可是賢妻良母做得再成功，一旦男人不需要她了，出軌外遇了，女人卻還是自責在先，質疑自己是否哪裡做錯了？即使她們後來看清了跟男人的關係，卻仍覺得要為孩子犧牲。這並不是說，孩子不需要人照顧，而是親職的重擔還是極為不公平的全部壓在女性身上，母職的價值更被嚴重低估，女人因此無法有太多回饋跟其他選擇。

台灣女人仍像五十年前，女性主義者貝蒂・傅瑞丹（Betty Friedan）所說的：「女人仍是文化定見的受害者。」而女人自己對人生的反省、生命的覺察，在許多地方仍處於黑暗大陸的狀況。

傳統性別分工失衡造成的不平等尚未被認真看待

但是，這些問題因著太日常而被認為太普通了，不值得討論。

傳統男主外女主內，以及女性專司母職的性別分工，被社會學家認為是導致性別不平等的基礎。這些婚姻跟家戶內的問題，一直被視為是屬於女人家的、「婆婆媽媽的個人問題」而遭低度評價，除了姊妹淘之間的分享談論，要不頂多被視為八卦在私領域裡流傳，很難被嚴肅看待，遑論浮上檯面認真討論。

女人得不到支持，只能私底下咀嚼著這些痛苦，或者把鎂光燈下，婚姻幸福的名流女性——像是孫芸芸跟林志玲等人——視為是自己的夢想，從追逐她們的新聞來拾得一點點替代性的快樂。我們很少見到媒體報導那些婚姻跟感情「失敗」的女人的生命經驗，因為多數女人仍深深的相信婚姻的許諾，誰會認為這類報導跟自己有關而感興趣？

直到女性主義運動出現以前，社會學跟心理學者還是把解決這些問題的責任放在個人身上，而沒有認知這是結構性的問題。可是，只有當女人看到

「賢妻良母」其實是社會文化對女人的限制，而光憑單一個體力量根本做不到之後，才有機會和力量跨出來，要回自己的人生，不同的女人典範才會開始出現。

像曾經寫過二十六年女性議題專欄、最近剛出版新書《給我年輕的女朋友》，如今已高齡八十七歲的薇薇夫人，活得喜悅自在，她選擇獨居，也喜歡獨居。雖然曾遭逢喪子之痛，但是她更看透生死，已將後事交給友人。她明白自己與子女是獨立個體，因而對其他子女無所要求，她將生活投入畫畫、閱讀、看電影，跟朋友相聚旅行，甚至還曾一個人獨闖歐洲，享受著餘生的每一刻。總統蔡英文，沒結婚、生小孩，政治職位在男人之上，備受老一輩批評，但她絲毫不受影響，一生忠於自己。星座專家唐綺陽在療癒自己後，如今完全接納自己，讓她的星座詮釋是如此療癒人心。還有日本藝人天海祐希，她說出「肌肉比男人可靠」時那種自信自得的神采，令人更加喜愛她。

女人的人生可以更多樣，展現各自獨特的價值。

拋下「賢妻良母」重擔，迎回自我與家務勞動價值

這也是本書取名為《賢妻良母失敗記》的理由。

長久以來，很多女人為了「賢妻良母」這塊父權社會的貞節牌坊，受盡委曲。她們為兒女犧牲奉獻，不斷忍受先生的苛責、輕視、不忠，甚至暴力，這塊招牌壓得她們快窒息了。一旦家庭或伴侶關係遇到問題，「賢妻良母」經歷了挫折跟失敗，這塊長年壓在她們身上的石板才開始鬆動，女人的自我因而得以保留些許喘息空間，讓她們覺察到底是什麼捆綁了自己，而放棄了自我。

因此，所謂的「失敗」，絕無意批判女人們哪裡做不好，反而正是因為深入理解她們的經歷跟一路走來的遭遇，看到她們覺醒後所帶來的生命改變，而深深感到這才是女人的成就，值得記錄。

就像書中一位主角跟我說的，沒想到，貞節牌坊移開之後，竟然這麼快活。

本書記錄七位女性各自從先生的外遇、婚變、母職以及情慾的綑綁中出逃的故事。

當她們以為前方已經無路，才看見旁邊逐漸開出其他路來，有的女人冒險前行許久，有人才剛上路，但是仍有許多幻影跟障礙在這條路上徘徊不去：可能是不時浮現的「好女人」跟「好媽媽」的召喚，或許還幻想期待著有個男人來拯救自己的孤單與不快樂，有時也仍不免恐懼獨立後能否養活自己……這些念想仍如鬼魅般拖住女人。女人總要時時覺察，相信自己的獨特價值，堅持自我，才能面對這些幽靈與障礙。

這趟自覺的旅程是每一個女人的課題，誰也沒辦法豁免，誰也無法旁觀。如同維吉尼亞．吳爾芙說（Virginia Woolf）的：「討論跟界定這些幻影跟障礙是非常有價值且重要的事；唯有如此，勞力才能被分配，困難才能被解決。」

這本書完成時，又見媒體傳來幾個妻子聲淚俱下控訴小三的新聞，這裡面完全看不到妻子責怪先生。這是許多已婚女人共同的故事，受困於家務勞動跟母職，越來越孤立，當先生外遇了，她很痛苦，但因為錢是先生賺的，她不敢對先生有意見。可是她如果想離婚，她又害怕自己沒有經濟能力。其實除了外遇，婚姻可能會遇上各種困難，女人應該怎麼未雨綢繆？

以前的媽媽總是從家用金裡挪出一點當作私房錢，或許可視為是家庭主婦最早為自己的家務勞動支取金錢，為自己的未來打算的濫觴。我想起當年我父親早逝，如果不是我母親靠著她在婚姻裡存的那小小第一桶金，她根本無法走出來。家務勞動有價，要求「家庭主婦」支薪的呼聲，是極為合理的。

許多婚姻能走下去，都是夫妻間採取了更寬廣的性別角色，或是先生是比較非傳統典型的男性，願意公平的分擔家務勞動。但是改變社會性別的不平等無法光靠個別男女的覺醒跟理解，還是需要從制度設計上來改變。現在是我們應該重新思考，家務勞動跟親職應該如何分工，以及重估其價值的時候。

※ 書中人物與對話均是真人真事。但為保護當事人，其姓名跟某些具辨識性的特徵跟細節皆已經過更動。

目次

1

「賢妻良母」失敗了
自己人生才開始

前言◉◉

雲秀（五十五歲）

為了阻止先生沈冠出去找女人，雲秀幾乎被他打趴了，但是雲秀說什麼也不離婚。她離不開沈冠，不僅是情感上的依賴，也是因為她沒有經濟能力，沈冠早就看穿這一點。沈冠威脅、說服、利誘，用各種手段跟雲秀談條件，只要她接受他出去，就不談離婚。

直到小學同學阿泰出現，重新點燃雲秀內心的愛情，雲秀也出軌了，覺得原來自己還有人愛，她感到刺激，也享受著報復先生的快感。她終於跳出長年繞著先生打轉的生命迴路，有勇氣走出那不堪的婚姻。

可是，當外遇的激情過後，雲秀發現阿泰只要性，而她錯把純肉體外遇當成愛情。其實她跟阿泰做愛從來沒有高潮，但是她就是不斷用性討阿泰歡喜，她拚命的抓住他，好似想把內心的空洞填滿，不再感覺孤單。

雲秀說，那不是愛，但是如果沒有經歷這一段，她沒辦法長大。以前雲秀老是問先生為什麼外遇？為什麼對她這麼壞？無數的為什麼，但先生始終沒有給他答案。最後她終於不再問為什麼，因為她深刻體悟到，只有自己會給自己答案，別人不會給你答案。

雲秀做了二十多年的賢妻良母，雖失敗收場，但是她的人生才要開始。

寧可受虐的鴕鳥

才不過幾秒，當雲秀恢復意識，她發現自己已經躺在地板上。

為了阻止先生沈冠外出找女人，雲秀又跟沈冠起嚴重衝突。她看到沈冠為了等對方訊息，連上廁所都帶著手機，她忍不住譏他，沈冠不甘示弱回擊，拿著手機在雲秀面前晃著說，「你看啊，你看啊……」沒想到電話真給雲秀搶過去了，手機裡正好傳來了一條新簡訊，當雲秀正要唸時，沈冠立刻給了她一個過肩摔。清醒時，雲秀盯著天花板，心想，還好是木頭地板，腰跟頭只感覺一點點抽痛，但是她的心痛到她不想去感覺。

男人要外出找女人，怎麼拉都拉不住，雲秀每次為了拉住沈冠，都被他弄得傷痕累累。雲秀想起上一次沈冠施暴，是抓她的頭去撞門框，那次她也顧不了頭痛，一直對他哭喊著，「我真的很愛你，不能沒有你。為什麼你不要我了？」沈冠外遇後，對雲秀變得非常無情，他不斷嫌棄雲秀依賴，什麼都不會；跟她講話，經常連正眼都不看她。

「我就像隻鴕鳥，把頭埋進沙堆裡，只要我先生不提要出門，我都當作他沒做那些事。當我先生一講要出去，就好像殘酷的把我的頭拔起來，讓我面對現實，面對我先生根本已經不在家了。」窗外不遠處正傳來悅耳的鳥叫聲，在中部租來的公寓裡，雲秀如今一個人生活著，她已經離婚三年了。

五十五歲的她，現在在啟智中心照顧身心障礙的青少年，下班就教學生拼布跟刺繡，她越來越享受一個人的生活，但是一講到跟前夫的糾纏撕裂，馬上烏雲籠罩，她還會恐懼顫抖。

男人遇到問題，就罵人、動粗，反觀女人一遇到問題，就開始自責。每次風暴過後，兩人冷靜下來，雲秀都會問沈冠，為什麼外遇？她到底哪裡不好？沈冠說，他沒有打她，如果是打，不會只是這樣子；他沒有外遇，只是出去散心，在家壓力太大了，她老是盯著他，讓他自覺像個犯人。

「我們夫妻感情一直很好，到哪都牽手耶，很多朋友都羨慕我們。難道是因為性嗎？我先生自軍中退休後，性慾越來越強，但是我四十五歲就拿掉子宮，沒辦法應付他頻繁的需求。我跟他說，我們每週一次就好，我沒辦法天天高潮。」雲秀說話很真誠，毫不避諱說出自己跟先生之間的性生活，「在那之後，他就常說要出門，他從不說去哪，也不承認外遇，但是外出次數越來越頻繁。」

雲秀不斷找尋沈冠外遇的蛛絲馬跡。她半夜爬起來查看他在書房幹什麼，沈冠一看到她，立刻關掉電腦聊天視窗。趁沈冠不注意，雲秀偷看他的手機，簡訊裡的文字寫著「我家事做完了，想你喔」，「老公，我又好想要喔」，證明了雲秀的猜測，她心如刀割。

沈冠想要自由，希望雲秀接受他想出去就出去，想回家就回家；但是他又要雲秀繼續待在他身邊。為了使雲秀服從他的意志，說服、威脅、利誘，沈冠用盡各種手段，但是雲秀沒辦法接受。可是雲秀離不開沈冠，害怕走出長年安逸的環境。

跟沈冠結婚二十五年，雲秀以前一直覺得先生很愛她跟這個家。他是個盡責的爸爸，雖然長年在部隊，但是一放假就回家，讓他們母子生活無虞。平常雲秀一個人陪伴照顧著兩個孩子，滿足的當個家庭主婦，乖乖的等先生回家。

到底婚姻什麼時候起變化了？是沈冠變了嗎？

婚變這麼多年，雲秀逐漸看清自己所謂的「幸福婚姻」背後，是她多年的隱忍相讓。

「其實我老早就受不了我先生的脾氣，只是因為我沒有經濟能力。我是個不獨立、情感非常依賴的女人；加上上一代跟社會灌輸給我的想法，像我父親給我的觀念就是女人不用讀太多書，女人就是要走入家庭，所以我覺得結婚就安定了，也不用打扮、學什麼東西。很多繩子綑綁在我身上……不對，其實是我自己把繩子綁在自己身上。」雲秀從不斷指責先生外遇犯錯，到後來開始承認，原生家庭給她的觀念和自己，也該為這個失敗的婚姻負起責任。

在愛中生長，嚮往複製父母關係

雲秀的父親也是軍人，是個武器教官。父親很疼愛雲秀三姊妹，從小三姊妹喝克寧奶粉、穿生生皮鞋，雲秀從來不知道什麼叫做沒錢。雲秀排行老二，最乖最順從，最得父親寵愛。

在當時眷村裡，很少見像雲秀家這麼和樂的家庭。那年代，從中國來台的外省人很多都娶了本省籍的妻子，老夫少妻因省籍、教育程度跟年齡相差懸殊，很多感情都不好，眷村常見夫妻追殺、先生打老婆的。雲秀的媽媽是原住民，小雲秀父親二十歲，雲秀卻從沒見過父母吵架。

每次雲秀父親生氣，就只是不講話，雲秀的媽媽是基督徒，就在廚房邊唱詩歌邊煮飯。煮完飯、擺好菜，就喊先生吃飯囉，雲秀父親的氣也消了。雲秀說：「我覺得他們之間應該沒有愛情，而是對家庭的責任。我爸跟我講過：我不會欺負你媽媽，她沒讀過書，我讀過很多書，年紀又比她大這麼多。」

她常看著父親牽著母親的手坐在電視機前，解釋新聞給她聽，「我媽聽得津津有味，我在愛中長大，覺得很幸福。」雲秀很羨慕父母的感情，覺得理想的丈夫就要像她父親那樣愛護、忍讓妻子。而她日後為人妻，像母親那樣順從丈夫，得丈夫疼愛就好。

> “我就像隻鴕鳥，把頭埋進沙堆裡，……
> 當我先生一講要出去，就好像殘酷的把我的頭拔起來，
> 讓我面對現實，面對我先生根本已經不在家了。”

她想找個父親般的男人，而他渴望母愛

雲秀在唸專科時，認識了沈冠。那天，沈冠穿著軍校制服跟雲秀問路。雲秀打量著矮個子的沈冠，忍不住拿他跟高大威嚴的父親比較，心想：怎麼會有這麼矮的軍人呢？看沈冠又長得其貌不揚，她對他不太感興趣。

沈冠是個窮軍校生，但腦子聰明，做事細膩，很有計畫。他為了追雲秀，展現了驚人的毅力。那年代，軍中電話每次只能講三分鐘，雲秀不太想接沈冠的電話，他還是一通接著一通打；然後情書一封一封寫，終於打動雲秀。雲秀說，自己當年深受前夫這種堅毅、不輕易放棄的特質吸引，但是在後來的婚姻跟婚變過程，也讓她極為痛苦。「我先生想要什麼一定做到，所以如果不是我後來跟別的男人上床了，他沒辦法回頭了，他是絕不會放我走的。」

從小艱難的生存環境培養了沈冠堅毅和目標導向的個性。沈冠的父親也是外省軍人，媽媽是本省人，父母感情很不好。沈冠父親改唸師範學校畢業後，調到北部教書，幾個月才回家一次。沈冠媽媽愛打牌，忽略了孩子。每到中午，同學拿到飯盒就進教室吃了，沈冠卻等不到母親送飯來，只能餓著

肚子上完下午課，再回家自己煮飯吃。這一餐也只有醬油配，因為家裡什麼菜也沒有。

最讓沈冠難過的是，有時回家，看到門外多了一雙男人的鞋子，媽媽又帶外面男人回來了，房裏還不時傳來他們的聲音。眷村很多像這樣得不到父母關心的孩子，就進了幫派尋求慰藉跟肯定，沈冠父親怕沈冠走岔路，就送沈冠進軍校。沈冠也很努力，在軍校成績很好，打算繼續唸碩博士，日後在軍校教書。

得知沈冠的童年遭遇後，雲秀內心湧起強大的母愛，想好好照顧沈冠。雲秀說：「他的原生家庭傷害他好大。我覺得他好可憐，更愛他了。婚後，他跟我提到好幾次，他非常痛恨他媽媽帶男人回家做愛。我跟他說：我是小天使，一定要好好愛你，讓你過幸福的家庭生活。」而沈冠好像也在雲秀身上找到長年欠缺的母愛。

原本雲秀專科畢業後，打算去插班考大學，但是雲秀父親不同意，他認為女人不需要唸大學，會生孩子就好。而且雲秀專科畢業不久就懷孕了。她是三姊妹裡，第一個決定結婚的，父親高興得不得了，所有婚事安排，雲秀全聽父親的。

天真小姐進了驚世婆家

雲秀以為，自己從小看到的聽到的家庭故事就是全部了，直到嫁進夫家後，她才驚訝於其他家庭的生活模式。

沈冠婚假結束了，得回部隊，夫妻倆說好，雲秀留下來侍奉公婆。但是才進婆家沒幾天，雲秀就看到公婆吵架，公公竟然還會毆打婆婆，她覺得太恐怖了，鎖上房門躲在被子裡發抖。而公公吵完架，在她房門外猛敲門，要她趕快出來洗衣服。雲秀實在無法接受這種家庭，她打電話跟沈冠哭訴，後來雲秀的爸爸來了，把她帶回家，一直到大女兒小捷出生。

她回娘家後，很長一段時間，沈冠都繃著臉，什麼話都不講。那年過年，夫妻倆回公婆家，親戚在餐桌上不斷譏諷沈冠入贅老婆家，雲秀聽不太懂台語，但隱約知道他們要她留下來照顧公婆。雲秀害怕的看著沈冠痛苦的表情，知道他很掙扎。最後，沈冠還是把雲秀帶走，但是一路上不發一語。雲秀受不了，也開始鬧情緒，猛捶肚子哭喊著，「要不是有這個孩子，我根本不用嫁你。」

雲秀說：「我那時真的很愛我先生，我沒辦法承受。」結婚時雲秀二十三歲，沈冠二十五歲，外表看似成熟的兩個成年人，其實是內心並未蛻變成長的「大孩子」。從小沈冠的情感需求得不到滿足，又被迫聞見母親跟其他男人的情慾，介入父母之間的矛盾衝突，沈冠羞愧自卑，也很寂寞。為了逃避痛苦，他變得壓抑疏離。

以順從為基礎的美好婚姻假象

婚後不久，雲秀就發現，沈冠的個性陰鬱孤僻，非常難相處，雲秀常不小心就誤觸地雷。沈冠想法很負面，喜歡比較，痛恨自己不如人。婚後，每次從同學家回來，他就心情低落，不斷跟雲秀抱怨，為什麼別人家庭這麼好？爸媽和藹可親、還有好房子住、好車開，為什麼他沒有？大罵不公平。

升遷是軍人面臨的最大壓力，因為升不上去就得退役，所以大家積極經營關係。沈冠不善交際，每逢升官壓力一來，更加躁鬱苦悶，在家動不動就跟雲秀吵架、砸東西，事後又反悔跟雲秀道歉。

但是沈冠心情好的時候，確實是個好男人跟好父親。他很會投資理財，讓雲秀從來不需要擔心家計。沈冠廚藝也不錯，在家經常煮菜做飯給雲秀吃。他常跟雲秀提起小時候好期待父親回家，因為父親回家都會煮一碗麵再加顆蛋給他吃，那滋味，他至今難忘。

沈冠也有浪漫的一面。夫妻倆愛追家庭喜劇，每看完一集，沈冠就會抱著雲秀跳舞，雲秀說：「他還故意逗我笑。他說，他知道怎樣讓我開心。」

雲秀不知不覺也複製了母親依賴男人的生命模式。

在生活上，雲秀極為依賴沈冠，那些凡是需要動腦解決或她討厭做的事，像跑銀行、辦手續、繳各種費用，管理財務，雲秀都交給沈冠打理。雲秀說：「我以前真的不喜歡動腦。要錢，我跟先生說一聲就好；罐頭打不開，只要遞給我先生，反正他會幫我開。」

後來沈冠到美國讀碩士，之後又到英國唸博士，他都抱怨雲秀不會開車、不會英文，幫不了他。沈冠赴美唸碩士時，雲秀剛生完老二小翔，她覺得既然幫不上先生，就留在台灣帶孩子就好。沒想到沈冠才去兩週，按耐不住寂寞，就硬要雲秀帶孩子們一起去美國。

雲秀也曾試著學英文。美國大學開免費英文課讓國際學生家屬上，大嫂們相約一起去，雲秀請沈冠照顧孩子，跟著去上課。每次下課回來，雲秀認真背單字。有天上完課，她遇到學弟跟她說，早上去找學長時，發現他在馬桶上睡著了。結果她一進家門，就看到兩個孩子將牛奶、玉米穀片倒得滿地都是，全身玩得髒兮兮，沈冠則在一旁打瞌睡。雲秀心想，家裡弄成這樣，還讀英文幹嘛，她索性不讀了，專心在家帶孩子。

到英國，雲秀又去報名去上英文課，這次課程要錢，雲秀上了一堂聽不懂，就不去了。雲秀說：「那時我先生觀念改了，他問我為什麼要去學英文？把他們照顧好，不就好了嗎？我說，也對。我就專心在家做好吃的，先生早上要去研究室，我已經做好三明治；孩子下課回來，我也快煮好飯了，有媽媽在家，不是很好嗎？」

“他的原生家庭傷害他好大。我覺得他好可憐，更愛他了。……我跟他說：我是小天使，一定要好好愛你，讓你過幸福的家庭生活。”

高壓海外生活與失落移民夢

在英國時，沈冠自己找題目做研究、寫論文，壓力比在部隊減少許多，他待在家時，家裡氣氛好多了。但是只要面對孩子的教育跟成績，他又開始施展權威。

剛到英國半年，沈冠帶全家出門，一看到垃圾桶上的告示 Dog waste only，立刻問小捷跟小翔，什麼意思？兩個唸小學的孩子，才來英國不久，字母都還不太熟，很緊張，開始發愣，雲秀還來不及阻止，沈冠就在大庭廣眾下大聲一字一字解釋，「這垃圾桶─只能─丟─狗─大便。」周邊人來人往，孩子被弄得狼狽不堪。

全家去歷史博物館，沈冠也是指著一個個告示牌問孩子是什麼意思？「孩子不會就罵笨，說他以後去撿垃圾，我快瘋了。」雲秀說，自己阻止不了，「我先生不太尊重我，只要我有任何意見，他都辯論爭吵，一定要我同意他的看法，我們沒有討論的餘地。只要他在家，他教孩子，我都閉嘴。」

但是，沈冠一不在家，雲秀就會想盡辦法帶孩子體驗英國的生活。她帶小捷到市區書店買想讀的書，小捷會一句句用英文慢慢跟店員講，店員耐心聽完，就幫她找書；小翔則讓他去看他感興趣的電腦跟電玩。可是當經過歷史博物館，雲秀邀孩子進去逛，孩子說什麼也不肯進去。

在英國四年後，孩子的英文都比沈冠好了，沈冠寫論文還常來問他們文法對不對。雲秀說：「那時他們才願意進去博物館參觀，再也不用受老爸凌遲，沒可挑剔了吧？但我先生開始挑剔孩子的英式語調，你說有沒有病啊？」

從小，小捷就不喜歡家裡的氣氛，更受不了父親沈冠總是看到她的缺點，不斷挑剔她，她很渴望能獨立。

其實從懂事開始，在小捷內心深處就感覺自己是個男生，生理跟心理的矛盾讓她心裡很苦。她想一個人生活，探索自己到底是誰。當父親沈冠拿到博士學位，準備帶全家回台灣時，十六歲的小捷堅持一個人繼續留在英國，唸藝術。雲秀很心疼，小捷年紀還這麼小，就要一個人在英國生活，但是一想到沈冠回國在軍校教書，會每天回家，她很擔心小捷會受不了，只能放手讓女兒獨立。

沈冠有個移民夢。五十歲退休那年，指導教授邀他赴美一同做研究，沈冠規劃在美國工作幾年就申請綠卡，到時兩個孩子也赴美發展。沈冠帶著雲秀一起到美國當助教，工作很順利，夫妻倆度過婚姻中最愉快的兩年。

但是，沈冠的視力因為青光眼逐漸惡化，沈冠擔心美國醫藥費太貴，堅持回台灣開刀，沒想到開刀失敗。美國夢碎，一眼又失明，沈冠無法忍受這個雙重打擊，回台灣後，更加躁鬱。長年掩藏在沈冠內心的陰影：黑暗、祕密、壓抑的感受跟隱藏的衝動，驅使他做出連自己都沒想過的事——他開始出去找女人。

為出軌，丈夫不惜要脅利誘

性本能的力量是如此強烈，雲秀怎麼擋得住？一度雲秀受不了，決定離婚。沈冠很高興，馬上帶著她去戶政事務所。沈冠說，願意給雲秀一百萬存款跟房子，其他就不管了。

正逢中午，辦事員去用餐，等待時，雲秀不斷想像著離婚後一個人的景象，小翔大學還沒畢業，她從沒承擔過這樣的責任，很恐懼。她問沈冠，以後孩子結婚，他會出席嗎？「那是你們的事。」沈冠無情的說。雲秀又問沈冠，會留下聯絡方式嗎？他沒好氣回她，「我人都走了，幹嘛還要告訴你們，我在哪？」他對雲秀下最後通牒，不接受他出去，就離婚！看到沈冠為了其他女人表現出當年追她的那種瘋狂熱情，雲秀很傷心。

「沒有先生可以依靠後，我要怎麼辦？我出去還能做什麼？還有誰要我？」雲秀越想越恐怖，開始落淚。辦事員回來了，看雲秀一直哭，離婚手續根本辦不下去。沈冠要他不用管雲秀，繼續辦。最後辦事員還是辦不下去，要他們夫妻商量好，要辦再來辦。

沈冠將雲秀帶到便利店坐下，不斷說服雲秀，只要答應讓他出去，就不離婚。此時，身旁三個女孩正在讀經，聽著解經女孩的溫柔聲調，雲秀當下有種被療癒的感覺，她決定妥協，答應沈冠要求。

雲秀開始積極投入教會活動、認識新朋友。為了安撫自己，她抄讀《聖經》，很想知道該怎麼辦，但《聖經》說不能離婚，除非伴侶犯姦淫。雲秀認為沈冠就是犯了姦淫罪，但是教會還是建議她好好禱告、信靠上帝，不要離婚。雲秀心裡清楚，信仰只是她的避風港。

其實，沈冠才不想離婚，他希望玩完回家後還有老婆照顧他。雲秀說：「他把我當下女，一個依附在他身上，不管怎麼打、怎麼罵、怎麼踐踏你，你都離不開我的女人。」

雲秀長年在玩拼布跟刺繡，沈冠外遇後，為了讓她乖乖在家，更積極鼓勵她去上課，這些課程跟材料很貴，沈冠在抽屜裡放了三萬塊，隨雲秀拿。

每次沈冠出門，雲秀就把沈冠的東西往他書房丟，開始瘋狂打掃家裡，她想像整個家都是她的。她開始刺繡拼布，幾週下來，心情逐漸平復。

可是當雲秀心情好不容易才平靜，沈冠帶著一身疲憊回來，雲秀心情又開始起伏。她很痛苦，曾提議沈冠乾脆住外面，沈冠拒絕，說他出外是放電，回家是充電。

沈冠看雲秀沒有性生活，有時會心血來潮找她做愛。雲秀停經後服用荷爾蒙，還是有性慾，但是跟沈冠做愛，她很難受。「因為他姿勢都不一樣了，全是新的。我心想，這是你跟外面學來的，我高潮時是哭的。我跟他說，我再也不會跟你做愛了，我不需要你的憐憫！」從此雲秀跟沈冠分房，搬到小翔房間睡。

在極為痛苦、孤立無援那段時間，雲秀經常夢到父親。父親在她去英國時過世了，但她從不曾夢過父親。直到婚變後，她初次夢見父親牽著小時候的她，她一直哭著跟父親說，不要長大，長大太痛苦了。

有一次颱風過境，先生又甩開她跑出去了，她哭著睡著。夢裡，窗外狂風雨驟，窗戶卻怎麼關都關不起來，風雨一直往裡灌，窗簾飄著，荒涼孤寂。突然有人敲門，雲秀去開門，看到姊姊提著禮物，而父親就在她後面跟著走進來，此時風雨停了。「我醒來就想，我爸一直陪在我身邊，他看到所有一切，要我心靜下來。所以我一直告訴我自己，我一定可以站起來。」

孩子支持她 獨立探索

這時候，拿到碩士學位跟英國公民身分的小捷回台灣了。她一回家，看到父母間的相處，真的嚇一跳。他看到父親總是癱在電視機沙發前，一副自己很沒用、快死的樣子；媽媽則在一旁打掃、做家事，父母跟他記憶中的形象差很多。她覺得，以前的媽媽很有能力，她就像個大隊長一樣帶著他跟弟弟，讓他們很有安全感；爸爸發號施令，為這個家付出，不曾讓家人吃不飽，欠過債。小捷說：「他們一個演病人，一個演傭人。我感覺媽媽很窩囊，她可以再挺自己一點，她不夠愛自己；至於我爸那樣，別說像是在國外唸過博士的人了，連碩士都不像。」

小捷看到那個表面上擁有高學歷、權威又有社會地位的父親，其實內心極為匱乏。「我爸壓抑、躁鬱，很有控制欲，身體又不好，已展現不出一家之主的權威，他對這個家已經倦怠了。」小捷試著解釋父親出走的原因，「他可能很想要有人奉承他，外面女人比較會講好聽的話，媽媽跟他生活久了，不可能講的。爸爸需要肯定，雖然虛偽，但是他心裡舒服、有存在感。」

在英國十一年，小捷逐漸清楚自己的性別認同，開始服用荷爾蒙，回台灣後，經精神科醫師評估，正準備移除女性生殖器官，成為一個男性。小捷說，或許因自己是跨性別的關係，他能理解男人來到人生這個階段，都可能像他父親那樣。他猜測，父親或許經由退伍軍人傳的資訊去到那類場所玩；也可能找到了喜歡的女人。「爸爸從沒玩過，就讓他去發展吧。」

小捷認為，父母分開比較好。過去兩人為了養小孩，一個顧家，一個工作，對婚姻的傳統觀念讓以前那個團隊可以走下去。但是現在情況變了，大家的目標不同了，爸媽都該重新探索自己想要什麼。

小捷覺得媽媽一定要經濟獨立，才能離婚，他不斷問雲秀會什麼？雲秀總是回：「媽媽只會打掃清潔。」看到許多二度就業婦女在賣早餐，或是在便利店跟速食店打工，小捷曾建議雲秀搬到台北跟他一起住，也去試看看這些工作。但是雲秀覺得便利店店員要做的事那麼多，光咖啡機那些按鍵，她就不知道要按哪一個。沈冠也看輕雲秀，覺得她做不來。

雲秀不想住台北，其實是怕沈冠把女人帶回家，那是她家，她不願讓外面女人入侵。小捷不斷勸她，「這樣太累了，爸爸要做什麼，隨他吧。」但是雲秀每次上台北，還是找各種藉口跟沈冠聯絡。有次，雲秀陪小捷去找醫師進行跨性手術評估，一時找不到路，雲秀拿起電話就說：「打電話問爸爸。」小捷很火，問雲秀：「為什麼你什麼都要靠爸爸？」

那時雲秀也算是享受，因為只要上台北找小捷，沈冠都會給她很多錢。她曾有個心態，就等沈冠先走，她要領他的半俸，她就是不離婚，沈冠玩他的，她就過自己的生活。可是刺繡老師勸她，人生這麼短，何苦這樣呢？而且棺材是裝死人，不是裝活人，她跟先生才差兩歲，誰先走還不曉得哩？

而且只要跟沈冠衝突，她就像在地獄，她覺得自己還是得要趕快有經濟能力。有天她騎著機車找工作，看到一家水煎包店徵店員，老闆娘急需人手，用了她，一小時才八十六塊。那天工作結束，她來到蓮池潭，絕望到想跳下去。但是她想再打電話問問沈冠，是不是還需要她？結果沈冠冷冷回她：「你說呢？」她難過的掛上電話，正巧兒子小翔打電話來了，問她在哪，催她快回家，他在家裡等她，才將雲秀從鬼門關拉了回來。

“他姿勢都不一樣了，全是新的。
我心想，這是你跟外面學來的，我高潮時是哭的。
我跟他說，我再也不會跟你做愛了，我不需要你的憐憫！”

小學同學出現
體會當小三滋味

那天，先生又不在家了，慢慢比較能接受先生外出的雲秀，上完刺繡課，決定一個人去吃最愛的咖哩飯。突然，一個結實精幹的男生站在她面前，問雲秀還記得他嗎？她認出他是以前眷村的小學同學阿泰。他剛從部隊退休，雲秀好開心，慫恿他辦小學同學會，兩人互留 LINE。阿泰開始找同學，每找到一個就聚會一次，眷村女生都嫁出去了，聚會裡經常只有雲秀一個女生。

「如果沒有小學同學，我絕對沒有那個膽子離婚。我覺得我像個球被我先生拴著，好像有個無形的引力讓我繞著先生，是我小學同學這股力量把我甩出去了。」雖然雲秀現在跟阿泰分手了，但是她一直很感謝阿泰讓她走出婚姻的困局。

阿泰個子不高，因為喜歡戶外活動，擁有一身古銅色肌膚，他聽雲秀說也喜歡大自然，邀她一起爬山，雲秀漸漸被阿泰吸引，擔心自己禁不起誘惑原想婉拒，最後克制不了想親近阿泰的念頭，答應跟阿泰單獨去爬山。

沿路漂亮的山景，清新的空氣，兩人逐漸放鬆界線，開始無話不聊。兩人對另一半都有滿腹牢騷。話匣子一打開，雲秀原本打算將自己跟先生所有的不愉快都跟阿泰傾吐，沒想到卻變成都是阿泰在抱怨老婆。他說他們是媒妁之言，原想婚後再培養感情，但是太太把心力都花在教育孩子，兩個孩子教得很好，但夫妻一直沒感情。雲秀很同情阿泰，雙方開始有感覺。

剛開始，雲秀阿泰兩人經常晚上在 LINE 上聊天，一聊就兩個小時；開始發生關係後，每次見面幾乎就直接到 hotel 報到。雲秀毫不避諱的說：「我們發生性很正常，我先生背叛我，我也可以尋求我的快樂，而且報復真的很爽。我跟小學同學在一起時會想：這就是小三的滋味嗎？這就是我先生跟那女人的滋味嗎？偷偷摸摸，見不得陽光。」

與其說雲秀「享受」性愛，不如說她是耽溺於一種有人愛的感覺，因為當時她實在太孤單了。「當初真的愛得很瘋狂，我感覺，我五十歲了，竟然還有人要，我不是孤單一個人。」

後來雲秀經常到台北看小捷，阿泰也會同步上台北，兩人一起出遊幾天，雲秀會陪阿泰坐車回高雄，再自己搭車回台北。這些雲秀都跟小捷分享，雲秀甚至跟小捷坦承，曾跟阿泰在他房裡做愛。小捷問雲秀好玩嗎？舒服嗎？他會勉強你什麼嗎？當他聽到媽媽說不會，他就放心了，他只要媽媽開心就好。

小捷不評論媽媽，是擔心媽媽以後什麼都不跟他說了。他常想，媽媽二十三歲懷他時，戀愛遊戲就暫停了，現在才繼續，像二十幾歲的人苦惱著工作、愛情，媽媽現在回頭來探索這一段，他應該給她空間。

有一天雲秀在台北，阿泰在LINE上跟她說，他正在跟太太談離婚。雲秀很激動，也很開心，她告訴阿泰，她也要離婚。可是那一整晚，阿泰沒有任何消息。隔天他愧疚地跟她說，本來講好要離婚，但是他太太一直哭著說離婚後，不知道該怎麼辦？深入溝通後，他才了解老婆為了這個家有多辛苦，他實在不忍心離婚，但是又不知道怎麼跟雲秀交代，所以整晚沒睡。雲秀很同情阿泰，原來被困在婚姻裡的男人也很痛苦。

自從有阿泰後，雲秀就跟沈冠說，「既然你出去不給我任何解釋，對不起，我去哪，你也不要問。」但是，就像之前沈冠為了女人拚命往外衝，忘了雲秀在觀察他，雲秀跟阿泰談戀愛時，也沒察覺沈冠在留意她。

婚外情曝光，成了離婚動力

沈冠找了徵信社破了雲秀的 LINE，看到她跟阿泰所有對話，極為憤怒。一聽到雲秀說她真的很愛阿泰，沈冠立刻崩潰，摔倒在地；最後還嚷嚷要去跳樓。雲秀說：「我拚命拉著他的大腿，換他痛苦了。」最後沈冠說要離婚，雲秀也說好。沈冠看雲秀竟然不在乎，快氣瘋了，說要告雲秀。雲秀說，她有驗傷單。那時雲秀很感謝姊姊，先前每次沈冠動手，姊姊都要雲秀去驗傷。

當沈冠發現不再能控制雲秀時，竟開始求和。

雲秀離家，住姊姊家那段時間，沈冠不斷打電話來哭訴：「我不要離婚，我們重來好不好。」雲秀一度又決定不離婚了，「我不知道當時是害怕還是不捨，害怕離婚後要養活自己，擔心以後會過怎樣的生活。而且一聽到我先生哭，我真的很不捨。」

雲秀答應沈冠不離婚，也不再跟阿泰有任何肉體關係，但是希望先生讓她跟阿泰維持當朋友，她還是想參加同學會。

但是沈冠一跟她見面，就瘋狂質問她跟阿泰進展到哪了，雲秀害怕得跑回姊姊家，姊姊叫她一定要報警、離婚。在警局備案時，雲秀一直發抖，警察跟她要身分證，她拚命在袋子裡找，可是怎麼都找不到。於是她想到，婚後自己的身分證、印章、護照都由沈冠保管，沈冠總是說，這樣才不會搞丟，雲秀開始痛哭。她說：「以前我覺得，他管我這管我那，都是因為愛我，那一刻我清楚的了解，那些都是挾制。」

沈冠認為，男人可以外遇，女人不行，他無法接受雲秀跟別的男人上床，終於答應離婚。那年夏天，夫妻約好在戶政事務所辦離婚，雲秀內心平和，倒是沈冠難過得站不起來。辦好離婚，她跟沈冠回家收東西，沈冠沒那麼凶悍了，那一晚，沈冠問她，可不可以住在家裡？兩人睡在一起，還手牽手，好像需要有個儀式告別，才能真正放下。

隔天一早，雲秀就回媽媽家了。雲秀說：「對我前夫，我就是奉獻的愛，他就是我先生啊，我就是像媽媽一樣照顧他。他恨我，也是因為他把我當媽媽，他覺得媽媽不可能離開孩子，可是我怎麼離開他了？」

”我先生背叛我，我也可以尋求我的快樂，而且報復真的很爽。

我跟小學同學在一起時會想：這就是小三的滋味嗎？

這就是我先生跟那女人的滋味嗎？偷偷摸摸，見不得陽光。“

雲秀跟沈冠鬧離婚這段期間，阿泰音訊全無，等雲秀離完婚才又出現。他看到雲秀的第一件事，就是借她的身分證，翻面一看配偶欄空白，單身，好像才放心自己不會惹到麻煩。

雲秀的閨蜜曾勸雲秀，阿泰只是她的浮木，雲秀心裡也明白，但是剛離婚，她心都空了，真的很想要一個男人依靠，她離不開阿泰。

再不想為男人做早餐

離婚後，雲秀開始到就業服務站找工作。服務站提供了一份婦女在賣場二度就業的工作。上完課開始上工，她被安排在廚房做小夜班，每天站幾個小時賣東西，接著收東西，再花好幾個小時洗碗盤。不鏽鋼盤子又大又重，大烤爐比她還高，雖然有自動清洗功能，但是常故障，雲秀就要一片片用手刷。雲秀說：「天啊，好累好累喔，我每天手痠到睡不著，就算睡著也會痠到醒來，工作兩個月，真的度日如年。」

當牧師介紹雲秀到中部來照顧孩子，雲秀很期待。她本來就喜歡孩子，到達之後，看到都是偏鄉低收入的孩子，父母不在身邊，很需要人關心，雲秀很滿意這個工作，正好讓她可以好好的愛他們。

雲秀每個月放假，就偷偷坐車回高雄，阿泰會來接她去汽車旅館，可是跟阿泰短暫的激情過後，雲秀感覺越來越不舒服，因為兩人永遠無法一起走在陽光下，一見面就只能到賓館，除了做愛，沒辦法一起做其他的事。阿泰也越來越不跟她聊天談心了。每次做愛結束，阿泰還不斷跟雲秀說，他有個好太太，孩子有個好媽媽，他很驕傲兩個孩子唸名校。每次他都要雲秀早點回去，雲秀最後都是哭著搭上回程車。

她想起媽媽曾跟她說：「你有沒有想過，他太太就是以前的你？如果他太太知道，去做所有傷心的事，這些不就是當你得知你先生外遇時所做的那些？」這些雲秀都明白，但是她當時還是放不下阿泰。

每當雲秀上大夜班，做好清潔，安頓好孩子睡覺，夜深人靜了，她總是期待阿泰的訊息，但是阿泰經常已讀不回，她很失落。

冬日某一晚，雲秀正在家裡做拼布，阿泰突然來找他。那時雲秀還住在剛到中部時租的小套房，床上正鋪著尚未完成的壁飾，壁飾滿是家的意涵，雲秀取名為「小木屋」。她跟阿泰解釋，自己還是渴望有個家，所以做了這個壁飾，但是阿泰一屁股就坐下去，毫不在意。

那晚兩人做完愛，她無法入睡，爬起來繼續做拼布。雲秀說，「我那時覺得我適合一個人生活，後來我再回床上睡，覺得這雙人床竟然睡得這麼難受，我不想碰他，我靠著牆自己睡自己的。」隔天早上，雲秀起來煮早餐，她跟自己說，再也不想為男人做早餐了。

吃早餐時，阿泰跟雲秀說，他戴了助聽器，聽力會越來越糟，未來可能失聰，雲秀一直掉眼淚。「他告訴我，不要哭了。離開時，我抱了抱他，其實我不是因為他要聾了而哭，而是跟他道別。這是最後一次，我看他開車離開，我告訴自己，我不會讓他再來了。」

雲秀開始找房子搬家，也不再回應阿泰的 LINE 了，「我看透他只要性愛，他不會為我做一丁點犧牲，除了做愛，但那也是為了他自己的滿足。那時為了他，我花光每個月的錢，我告訴自己不能再這樣，我要一個人賺錢給自己花用。」

雲秀說，離婚後，她就不再服用荷爾蒙了，性慾減低很多，「我很盲目，誤把性錯當成愛情。其實阿泰的性技巧真的很爛，完全沒有前戲，幾分鐘就結束，但是當時怕他不要我，我盡量在性上面迎合他。以前我也在迎合我前夫，其實我並沒有這麼喜歡做愛，我甚至覺得做愛非常非常累。我知道很多女人用性愛留住男人，我很高興，我不再是這樣的女人。」

慢慢把自己拼回來

「離婚後，我就開始用大腦了。我現在自己跑郵局跟銀行，每月薪水發下來，就開始規劃，多少錢當生活費、多少錢放信用卡扣款、多少錢是手機費，要去繳款。」雲秀說著自己離婚後的第一個改變。她也自己張羅住的地方，現在租來的老公寓位在市區邊緣，雲秀被它一開窗就看得見青山的明亮空間所吸引，但是內裝破舊，於是她拿出工作存到的兩萬多塊，請人粉刷並清理廚房衛浴，房子變得清爽舒適。

客廳的拼布教室在朋友幫助下也打理妥當。不上班不教學的日子，雲秀喜歡一個人靜靜的刺繡，經常幾小時就過去了，天黑了，她找到多年來不曾有過的平靜。「我開始動腦後，對周遭生活變得很有感覺。」雲秀說，她留在中部，就跟朋友去吃飯、看海；也鼓起勇氣，開始一個人搭火車旅行。

沈冠常跟小捷小翔說，離婚後，一個人生活好孤單，小翔退伍還搬回去陪爸爸。小翔曾告訴雲秀，爸爸帶阿姨回家了。但是，沈冠依然說他沒有女人。不過，曾經不斷責怪沈冠的雲秀，現在已經可以祝福前夫了。

雲秀想告訴每一個女人，「再愛，都不能依賴。我先生也對我很好過，非常照顧我的生活，可是當他要出去時，變得非常可惡。」

離婚後，雲秀也曾很氣父母。她說：「我爸教我，家庭、丈夫跟孩子就是女人的全部。我媽也說，要好好照顧家庭、孝順公婆。他們從來沒教過我如何保護自己，不要被欺負了。所以當小捷告訴我他想做男生，我是非常開心的，他終於不用被男生欺負，我支持他成為他自己。」

「在整個婚姻過程，我感受到我先生並不愛我，愛一個妻子不是這樣子的。我小學同學也不愛我，他要的只是性而已。」雲秀有時還是會希望找個伴侶，可以互相分享，但是這樣就好，她不想再婚了。

這兩年，雲秀認識了一個很談得來的男人王先生，他是院裡孩子的父親，雲秀因為照顧他的孩子而跟他熟識，逐漸兩人談起彼此的遭遇跟心事。王先生事業做得不錯，當年跟妻子結婚，就承諾她移民美國，給她一個大房子。一切按計劃進行，沒想到妻子生下多重障礙的孩子，夫妻關係就變了。夫妻倆都疼愛小孩，但是妻子受不了打擊，變成宗教狂熱者，她相信神一定會治好孩子，王先生無法接受妻子這些行徑，跟妻子越離越遠。

每晚，王先生會打電話給雲秀，問孩子的狀況，也跟雲秀分享彼此都有興趣的音樂跟人生哲學。雲秀說，他們倆有共識不觸及性，就是希望維持朋友關係，才能長久。「王爸七十歲了，夠成熟到怎麼跟我維持適當距離。我很理解他的痛苦，雖然夫妻關係生變，仍守著跟妻子的承諾。這些年，看男女困在婚姻的承諾裡，沒有出路，實在太痛苦了。所以，我不再相信男人的承諾，不是因為我不信任男人，而是事情會變化。」

雲秀說，或許旁人會說他們正在精神外遇，但是她對王先生無所求，而且兩人各有各的生活，只是在某些有交集的地方彼此分享，「多情並非真情，其實我要的只是有人溫暖的把我放在心上，關心我。而剛好我跟王先生彼此關心。」

雲秀說，就像院裡那些孩子，會把她放心上，有困難會來找她。她突然哽咽的提起精神障礙、二十多歲的小恩，最近退化得非常嚴重，已經無法自己洗澡了，他來找雲秀，「老師，你可以幫我洗澡嗎？」雲秀說：「我說好，老師幫你洗。我很感動，他這麼信任我。」

雲秀現在終於可以在經濟上支持小翔了，小翔去澳洲打工，她幫他出了兩萬多塊機票錢。一個人在中部生活進入第四年，她也開始跟著老師學習一直想學的鋼琴。當小捷要出錢幫雲秀買電鋼琴時，雲秀說她有錢，可以自己買。

這天雲秀又完成一件刺繡作品，藍色二重紗手帕角落刺著兩朵優雅的野花，看似脆弱的野花迎風搖曳，蒼勁又自由。雲秀說：「我很享受現在一個人的生活，不用迎合別人，不用做自己不想做的事，當生活不被控制，心靈自由，真的是一種幸福，我喜歡現在的自己。」

“我爸教我，家庭、丈夫跟孩子就是女人的全部。
我媽也說，要好好照顧家庭、孝順公婆。
他們從來沒教過我如何保護自己，不要被欺負了。”

作者手札

雲秀仍渴望愛情，有個靈魂伴侶，但是身邊能認識的多半是已婚男性。只是她已不願再當小三，也不願再跟男人有肉體關係，她很怕再傷害像阿泰太太那樣的女人，所以對於身邊談得來的已婚男性，她很克制地將感情昇華成友情，只跟他們談藝術，分享生活。疲累時，雲秀也會失落，感到寂寞，她很清楚自己在精神上還沒完全獨立。

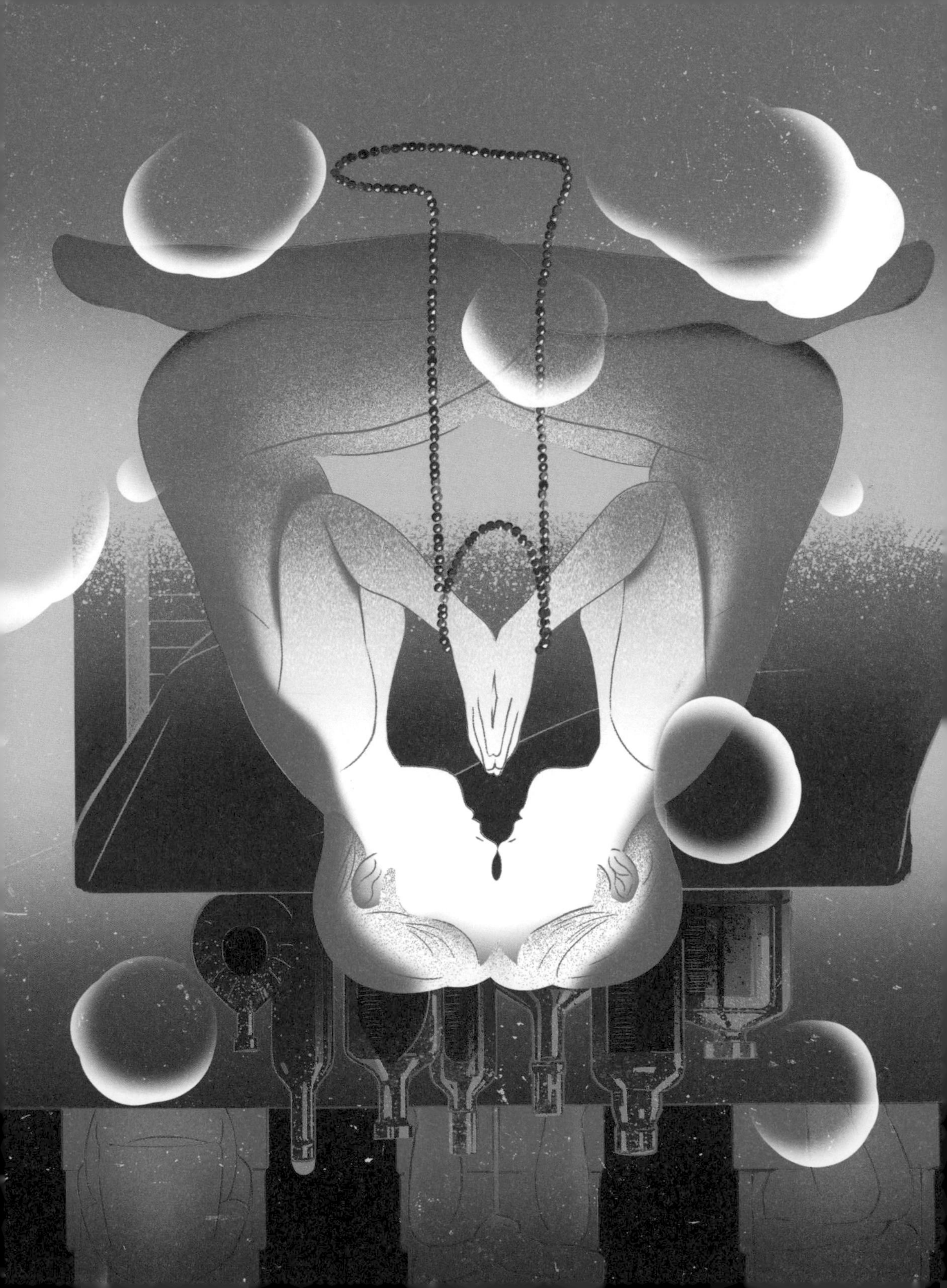

縱橫酒店四十年

2

一路追尋真愛

◉前言◉

小蘇（六十四歲）

回顧過去，小蘇說，自己真的是想做什麼就做什麼。追求愛情，也是如此。

她二十歲出頭，為了逃離僵化、一成不變的公務員生活，遠嫁汶萊，即使跟要嫁的男人沒有感情，她也無所謂。離婚後回台灣，她又因為跟朋友合夥做生意被跳票入獄（當時還有票據法）。為了賺錢，她進酒店工作，之後也投資多家酒店，結果又被客人倒債。為了負起責任，她赴日賣春還債。

這一路上，她周旋在男人間賺錢，在女人間追求愛情——她是個女同志。

小蘇說：「那時沒辦法，只能忍受。我的目的是不要欠錢，我要有錢，有這個目的，我怕什麼？」小蘇不想欠人，不想對不起人，她最怕麻煩人家，尤其最怕給養父母添麻煩。

最後，她所愛的那些女人，她都放手讓她們去結婚生子。

如今含淚送別九十五歲心愛的老母親，小蘇又放下了一樁心事。現在她掛心的，就只剩九十一歲的父親，跟五十七歲仍單身的弟弟。

犀利颯爽的堂堂女漢子

「人的一生不過如此。人生下來就是求好死，布袋戲有一句話：『漸漸走入死亡的界線。』哪個人不是一出生就漸漸走入死亡的界線？只是長短而已嘛，還不想開一點？」小蘇六十四歲了，一頭短髮仍濃密黝黑，充滿帥氣。她戴著一副膠框眼鏡，打扮中性。心直口快的她，說著一口字正腔圓的國語，講到布袋戲《雲州大儒俠》裡，藏鏡人每次出場說的第一句話，突然轉成台語，讓人意外一個外省人台語說得這麼好。

這是她在酒店打滾四十年練出來的。她曾是台灣最大酒店幹部裡的三巨頭之一，酒店每個月光靠這三巨頭的營業額就夠了。長年在男人身邊周旋求生，小蘇很了解客人的需求與想法。她的客人有道上兄弟、企業老闆、政治人物跟名流，每次客人上門，她可以很快地掌握客人的需求，安排調度小姐。民國七十七、八年，台灣建築業起飛，股市大漲，酒店進入全盛時期，小蘇業績最好時，一個月就能做到上千萬營業額，賺進上百萬收入。

當時的小蘇作風強勢，講話像機關槍一樣快狠犀利，就跟許多出身眷村的人一樣，很袒護自己人。在酒店正負評價兩極，有人說她像鬼，有人說她像女俠。小蘇說：「會這麼強勢，可能是自己當時有種外省人的優越感，我們三個幹部都是外省人，被稱為外省幫，每個業績都嚇嚇叫。」

雖然曾在酒店呼風喚雨，如今的小蘇早已不見過去的凶悍跟霸氣。她不愛虛華，更不愛自吹自捧。問她當年在酒店職稱掛副董，聽起來很大，到底是什麼樣的職位？她回說：「我們酒店兩層樓，面積八百坪，副董有七、八十個。簡單說，副董就是酒店的業務，帶小姐的叫經理，就是好聽而已，不然叫老鴇？」現在檯面上還有許多政商名流曾是她的客人，但是她也不拿來誇耀。她說：「在酒店，哪個不認識幾個名人啊？但是能說嗎？我在職時，他們需要我，我幫他們保守祕密；離開酒店以後，他們聯絡我，我理他；他們不聯絡我，我也不會說我認識他，這是道德。」

問她為什麼不多賺一點，要急流勇退？她直言：「沒有客人啊！現在小姐也比較自我，不像過去那麼用心招呼客人，都自顧自滑手機，讓客人自己講客人的，這樣的環境，我們看得慣嗎？說實話，也賺不了這麼多了。現在連工友都上酒店。我們不是這一代的人，已經不行了。不該你了，就下來。剛好我媽跌倒，需要人照顧，我就退了。」對於過去的風光，小蘇絲毫不眷戀。

在酒店工作末期，小蘇就開始勤跑寺廟，認真禪修。她很渴望安頓自己，也想好好為父母祈福。她去過佛光山，到過中台禪寺，酒店夜夜笙歌的日子漸漸變成唸經、抄經跟打坐的生活。

她原本是個四十年老菸槍，每天得抽兩包菸才過癮，可是有一天拿起菸正要抽，聞到那菸味卻想吐，她很狐疑，以為是菸臭曝（台語：發霉），改開一包新的，聞了仍令她作嘔，從此她戒了菸。後來禪修班邀她去演講，她跟師姐師兄們分享這段經歷，「我分享都說我酒店出身。那就是我，我要面對。人要面對自己，才會開朗。」小蘇說得凜然颯爽，好像天不怕地不怕，就是個女漢子。

童年飽足
被捧做掌上明珠

小蘇常說，她有一對太棒的父母，只要她健康、出入平安，從沒要求期望她什麼。小蘇的父親在調查局開車，母親不識字，就靠著父親那份微薄的薪水理家。雖然家庭位在軍公教底層，小蘇從不曾感受到匱乏。父親常從調查局帶回蘋果跟巧克力，小蘇都吃怕了，還常拿去送給眷村鄰居孩子吃。媽媽雖然常去打牌賺點小錢，但是每天傍晚五點一到，一定回家煮飯，從不耽誤他們的生活起居。媽媽是江蘇人，煮了一手江浙好菜，爸爸是山東人，很會做北方麵食，同學們每次都搶著吃小蘇帶的便當，很喜歡到小蘇家吃飯。

從小，父母就很寵愛小蘇。她很皮，又霸道，在眷村，她總是帶頭玩，把金龜子綁起來甩，把瓦片拿下來扳破，玩尪仔標；看哪個孩子不順眼，她糾眾抵制。可是看同學家裡窮，又於心不忍，把媽媽新打的棉被扛去送他。小蘇任性，在家不開心就摔東西，對媽媽大小聲。到小學三年級，她還要媽媽背她上學，背到轉角快到學校，她怕同學看到，才趕緊叫媽媽讓她下來。

回憶童年父母對她的愛，不因她是女孩輕忽她，還有在眷村帶著男孩、女孩玩耍的經驗，小蘇覺得，這段飽足的童年，好像讓她從小就帶著一種氣魄，也開展了她的領導才能，讓她後來得以悠遊穿梭在酒店那個複雜、充滿人性的男女世界裡。

十八歲那一年，小蘇的世界開始變得不太一樣。小蘇高中畢業，到當會計師的大伯家去幫忙。有天她接到一通電話，說是她的小學同學，請她到她家。對方每天打來，但是小蘇怎麼想，都想不起來有這位同學。她找朋友陪著她按著對方給的地址，來到一戶人家。一個伯伯見了她，叫她進去，她就看到一個太太在哭，講她如何因為家裡窮，養不起八個孩子，才將小蘇給了她的養父母。小蘇聽到一半，也開始哭。不久，一個男人進來，朋友說他跟小蘇長得一模一樣，只是他是男的，小蘇是女的，原來他是小蘇的親哥哥。

那時小蘇才想起來，小她八歲的弟弟阿志也是父母當年抱來的。她從沒看過媽媽大肚子，有天媽媽說要去醫院開刀，後來就抱個弟弟回家。「以前我愛發脾氣就發脾氣，愛幹嘛就幹嘛，可是自從知道他們不是我親生父母後，我再也不大聲了，也不亂摔盆摔門了。」小蘇怕養父母傷心，一直沒告訴他們，自己見過親生父母。這個祕密她守了近四十年。八年前，看養父母年邁，弟弟阿志也四十八歲了，小蘇才告訴弟弟這個真相。小蘇說：「我弟一直哭，但他沒有想去找他的親生父母，他覺得父母把他養到這麼大，是不是養父母已經沒有關係了。」

「以前覺得他們就是父母，什麼都是應該的，知道我不是他們親生的以後，我才發現他們給了我這麼多滿滿滿滿、超出的愛。原來我也有愛，我這麼享受這份愛，而我真的非常愛他們。」一直到媽媽過世前，小蘇都沒讓母親知道，他們姊弟已經知道他們非她親生。小蘇會遺憾嗎？她說：「我把他們當成親爸爸親媽媽，有什麼好遺憾的？也許他們曾如鯁在喉，但是他們不講，或許是不願面對，怕我們擔心，那我為什麼要去戳破，傷他們的心？我就是他們的女兒，我只要對他們好就好。」

結一次婚當作跳板

高中畢業不久，小蘇就發現自己喜歡女生。那時，她在新生南路的招牌公會上班，每天騎著腳踏車去收會費。隔壁班一個女同學，正好在松江路一家公司當會計，每天下班，她都來找小蘇一起去吃飯，「也不能說誘拐啦，她就是每天下班來接我，接著接著就上床了嘛。我才發現我喜歡女生。」在那個對同性戀一無所知的年代，小蘇一路忠於自己，追求她的感情。

小蘇跟男人結過一次婚，因為她實在無法照軍人父親的要求，去當個安逸的公務員，那也是她唯一一次反抗父親。

父親一直希望小蘇當公務員，生活比較有保障。當時十大建設正在興建南北迴鐵路，戒嚴時期，位於蘇澳的北迴鐵路總部有個人二室，主要職責在監控是否有匪諜滲透，小蘇的父親介紹她去那裡上班。在人二室，小蘇成天打公文、送公文，個性活潑好動的她，越做越憋，很想逃走。

總務部有個大媽，對小蘇很好，很希望小蘇嫁給她姪子。這姪子年長小蘇二十歲，剛離婚，有兩個小孩，住在汶萊。那時代的女人就是得找個男人嫁，雖然小蘇對男人一直沒有興趣，但這是唯一能跳脫公務員生活的辦法，跟對方通信半年後，她就決定跟他結婚。兩人公證結婚時，請了兩桌，小蘇的父親沒有來。婚後半年，小蘇就搬到汶萊。

小蘇說：「我又不愛他，婚姻生活很爛，我就是久久實在沒辦法，才應付一下。他脾氣也很好。我對他凶了又凶，凶了又凶，後來我跟他說：『我受不了了，我要去香港。』那時我一個朋友正好嫁到香港。跟他生活不到一年，我就去香港了。」小蘇永遠記得，離開汶萊時，她拿起保險套盒子要丟，打開來看，原本裡面十個，還剩六個。她說：「我怎麼可能跟他做？我對不起他，我等於利用了他。」後來她到香港朋友家住了半年，這個先生每週還從汶萊坐飛機去香港看她，一直求她回去，但是小蘇求他放過她，她就是要離婚。

最後對方終於答應離婚。小蘇談起這一生唯一一次異性戀婚姻跟丈夫時，她不曾用「先生」或「前夫」稱呼對方。問小蘇，結這個婚終究是為了飛到外面世界，自由地去追尋自己的愛情吧？小蘇點點頭，她想找尋屬於自己的快樂，「你忠於自己的感情跟慾望，才會快樂。」

“這段飽足的童年，好像讓她從小就帶著一種氣魄，
也開展了她的領導才能，
讓她後來得以悠遊穿梭在酒店那個複雜、充滿人性的男女世界裡。”

以文青裝扮踏入酒店

台灣的酒店最早是從所謂「川菜館」演變來的，那時川菜館的領檯小姐都非常漂亮，叫做十二金釵；後來變成 piano bar，小蘇回台灣後，就透過一個在 piano bar 當服務生的同學，進去裡面當服務生。piano bar 後來演變成酒店，小蘇就這樣一路待在酒店業，不曾離開。

在酒店，小蘇每天穿著西裝褲跟外套，按現在的話說，就是一副文青裝扮。她酒量其實很不好，每次一杯就不醒人事。男人來酒店，不就是為了女色嗎？她到底靠什麼在酒店混？面對這個尷尬問題，小蘇一點也不尷尬。她開玩笑：「如果我跟客人說，『我跟你睡覺。』他大概會遠遠退到那邊去了。我反應快，很會說話，後來客人也懶得找我喝，我就靠一張嘴跟交情吃飯。」

小蘇坦然接受自己的性向，她常說：「在酒店業，大家都知道，我是女同志。我每個客人都知道我喜歡女生。客人有時會跟我說：『這女生你用過沒？』我回他：『你有病啊！我跟你們一樣，你們有喜歡的樣子，你不喜歡的女人，你會上嗎？』」

逐漸了解酒店的運作後，小蘇也開始投資酒店。她人生碰到的第一個坎，就是坐牢。「過去這些年，每次有難，都是養父母伸援手。我後來開酒店，自己也不看帳，結果被騙，跳票坐牢。是我養父母屈著身子，帶著要繳房貸的現金七十萬，到法院繳罰款，才保我出來。」當時這筆七十萬，是眷村拆遷，小蘇父母要搬到青年公園國宅的頭期款，國宅就這樣沒了。

小蘇把這一段獄中生活說得超歡樂。她說：「我好像不管擺在哪，都能隨遇而安。其實我在獄中過得很好。每天我跟吸毒的獄友賭牌打麻將，很多酒店小姐來看我，還給我帶了許多外國的餅乾跟糖果，全是客人送的。我也跟我媽說，我在裡面過得很好，不用讓我出來，我頂多關一年。但是媽媽說什麼也捨不得我待在監獄，要把我保出來。」出獄當天，小蘇還來不及還清積欠吸毒獄友的賭債八百塊，只好告訴管理員，那些她留在管理室的新棉被、新牙刷、舶來品的糖果跟餅乾，通通轉給她，就當還賭債。

不願虧欠他人，寧願賣春還債

說來荒謬，連八百塊，小蘇都不想欠，更何況欠父母的債？「這些年為了清償債務，我在不同酒店工作過，再苦我都不會回去說，就是不想再讓父母為我拖磨。」當時在酒店為了招徠客人，酒店一定會讓客人賒帳，後來小蘇被客人倒了好幾千萬，這錢一定要還，否則老闆會找兄弟來討。這一次跳票，小蘇賠光了過去賺的錢，酒店也待不下去了。當時一個朋友在日本，她決定到日本賣春。小蘇說：「我那個朋友那時很驚訝，覺得我怎麼可以跟男人？我也受不了男人那個臉，但自己惹的事，我自己要擔。而且我要活，總要找一條路。」

這次，她只拜託父親幫她買一萬多塊赴日本的機票，身上沒帶什麼錢，就這樣飛去日本。剛開始她住公寓，一個床鋪一個月十萬日幣，還是朋友先幫她付的。在酒店接客十天領了錢，她立刻還錢。日本酒店待遇不錯，不到半年，小蘇就有能力租兩房一廳、月租三十萬日幣的公寓。這段經驗，讓小蘇體悟到，沒錢有沒錢的過法，人生其實不用太害怕沒錢。

在風俗王國賣春，小蘇真的不曾害怕？小蘇說：「又不是要我去扛，有什麼？而且有些道具可用。過了一年多之後，我會講日文了，又很會跟客人哈拉，我就變成媽媽桑的助理，不用再做那個事了。每天我幫她招呼客人、排小姐、發薪水。在日本四年，我債還完了，也存到了錢。」小蘇很喜歡日本的環境，她原本想留下來定居，但是有朋友打算在台灣開新酒店，找她回來幫忙，小蘇又回到台灣。

「這麼多年來，有機會就跟朋友合夥開店，不管是被騙，還是被人家亂開支票，我一定負起責任。」她有點傲氣地說：「我今天還敢走在馬路上，就因為我沒有欠人家一毛錢。」唯一越欠越多的是養父母的債。當小蘇從日本回來時，母親交給她一本她名字的存摺，過去她從汶萊、香港跟日本，寄給他們的錢，全都在裡面，父母一生幾乎沒用過小蘇一毛錢。

每一次小蘇遇到困難，她都對自己的命運感恩。民國六、七〇年剛踏入酒店時，她看到許多小姐不是童養媳、養女，就是被父母虐待。有小姐來上班，為了多賺點錢，會跟客人外出做S（進行性交易）。可是每次領錢時間一到，都是她們的媽媽來跟經理領錢。小蘇說得很激動：「一個小姐做一個一萬，有小姐拿錢回家給媽媽，媽媽居然還偷偷打電話來問經理：『她給我四萬，她真的只做四個嗎？』有個女孩就這樣自殺了，多可憐啊。聽到這事我哭到不行，我不知道自己為什麼命這麼好？」所以小姐賣身的錢，小蘇從不抽成，小姐想多賺點，她會幫忙找好一點的客人。她絕不會為了客人喜歡哪個小姐，去設計小姐。

不過有些客人會臨時起意，經理幹部就得事先教育小姐，在外面要怎麼保護自己。小蘇說：「民國六、七〇年，常有小姐跟著客人出去就被做掉了，有時真的也沒辦法，只能幫小姐去跟客人談，看怎麼賠償？或者有些幹部有良心，會包個紅包給小姐。後來酒店生態變了，就比較沒有那麼噁爛的事了。」

曾有小蘇帶的小姐個性脆弱，又不爭，經常被其他幹部欺負，小蘇看不慣，就罵自己的小姐：「你下次如果任由她欺負你，我揍你！」欺負小姐的幹部在一旁聽見，再也不敢了。她也曾因客人喝醉，百般刁難不付費，把桌上東西全部給掃掉，對客人嗆道：「你不要欺負我，也不要欺負我的小姐，我今天可以不賺你的錢。你沒有什麼了不起，我還有別的客人天天來。」後來客人乖乖付費。

小蘇說，當幹部，就是要快、狠、準，客人一來就要搶訂包廂，「以前房間很少，客戶又多到很煩，養成我們個性強勢，沒什麼耐性。做我們這行都這樣，所以我們這一群幹部如果有結婚，大都看不慣先生，因為先生都比較無能，不是吃軟飯，就是賺很少，得靠老婆出去賺。那時候父權時代，男人就算沒啥小路用，出來還要裝成我是男人，我是一家之主。」小蘇非常不欣賞台灣男人。

"我那個朋友那時很驚訝，覺得我怎麼可以跟男人？我也受不了男人那個臉，但自己惹的事，我自己要擔。而且我要活，總要找一條路。"

酒店公關的觀察學

秋日午後，小蘇跟酒店的老同事阿惠、盈盈約見面喝咖啡。阿惠當年因為先生好賭，把家丟了都不管，她為了撫養一對兒女進酒店當經理。而盈盈家在萬華貧民窟，她的母親當年未婚懷下她，只能靠身體營生。盈盈十六歲時，不想再忍受貧窮，從家裡逃出來，到酒店應徵小姐。當時小蘇面試她，跟她一見如故，從此帶著盈盈，教她怎麼招呼客人、怎麼帶小姐。後來，盈盈底下的小姐從兩個變成三十多個。盈盈賺了不少錢，但是她認識的每個男人都得靠她養，讓她到現在都不敢結婚。

在那個女性沒什麼工作機會的年代，小蘇、盈盈跟阿惠，只能進酒店賺錢。她們有時也會內疚，覺得這行影響了許多人的家庭，所以有一套道德觀。這套道德觀，也幫助她們在這個充滿誘惑的行業裡，站穩腳步，不致沉淪。盈盈說：「人不能自私，否則這一行做不久。」阿惠則說：「你看到的我，算是酒店裡很正面的我。知道自己要走的路，而且要走正路。帶檯的人各式各樣都有，有的人會騙小姐的錢；也有些人明明知道客人爛得要死，但是為了錢也叫小姐去做，就是這麼不道德，下場都不好。」她們很常說一句話：走江湖，都是要還的。

在酒店看了這麼多男人，小蘇用她一貫的直白口吻作出評論：「台灣男人自負，很自以為是，其實內心世界很貧瘠，不知道自己要什麼。可能就順著這個人生走，讀書、結婚、找份好工作、發展事業，到最後，不知道到底在幹什麼？自己到底是什麼？所以彼此互相約，每個禮拜固定吃飯、帶小姐，去酒店排遣空白。他們覺得，男人早回家，沒有面子。即使回家也不知道怎麼跟孩子說話，不知道怎麼去看黃臉婆的臉。黃臉婆跟他講什麼，他覺得煩死了。他覺得『我只要賺錢，讓你們過好，我給錢就好。』對老婆則是：『我也讓你生了孩子，你就是將家庭、孩子顧好，其他都不關我的事。』」小蘇覺得，台灣男人最自私，因為沒有基礎的人生觀。

三個人聊到客人比較特別的癖好：有人有戀足癖，找的小姐一定要露出腳趾，不能穿包鞋。某個幼兒園大亨，特愛找小姐車震。還有個帥氣的男人對小姐又好又客氣，她們都豎起大拇指，讚美他的為人，卻不解為什麼他喜歡跟小姐在公園裡做。還有某立委自知性器官雄偉，怕一個小姐招架不住，每次都點名要兩個小姐。她們一直誇這個立委是好客人，會替小姐著想。

對於受過土、洋教育的老闆，小蘇也有一些觀察，「有些大老闆很好，特別是那些受過西方教育的男人，他知道怎麼跟孩子溝通，怎麼維持基本的感情。有的會早早帶第二代來酒店見識，免得他們日後暈船。不像台灣土老闆，非常沙文，跟老婆講電話滿嘴『幹你娘』、『我是嘸錢乎你開喔？』（台語：我是沒錢給你花？）、『問這呢多衝啥！』（台語：問這麼多幹嘛！）」

還有老闆每天迷戀著小姐，追著小姐，最後放掉老婆，不理孩子，搞到家破人亡，跳樓自殺。說到這位老闆，小蘇也是看報才知道他死了，而她第一時間想到的是她投資他公司的五十萬泡湯了。說到這件荒唐事，小蘇到現在都不知道到底當初為什麼要拿錢出來投資，她說：「我看他老老實實的，怎麼會這樣？而且我連投資他做什麼都不知道，唉，我自己也是貪啦。」

「這是一條不歸路。我們還能過得不錯，是因為我們會守。」說起酒店這條路，三個人都異口同聲說：「當年酒店錢太好賺了，而金錢太容易讓人迷失。」小蘇說：「以前經濟好，企業來酒店談生意，都是公司買單，真的很好賺。像當幹部早期抽一成五，後來抽三成五，一個月只要做三百萬業績，就有一百萬收入。經理一個月也有三、四十萬。」

酒店姊妹的人生百態

當時的客人小費給得很慷慨，長得漂亮、交際手腕好的小姐一個禮拜賺個兩萬、三萬或五萬，就開始買柏金包、勞力士，一迷失就沒辦法退出來。小蘇說，幸好自己不愛名牌，永遠穿一件套裝，但是她也因為曾被同事譏諷「在這裡要行頭，穿好一點」，氣到花九萬八買了一隻最陽春的勞力士。

小姐另一個投入金錢的就是去 Friday 找男公關。阿惠說：「你服務人，也會想讓人服務。」小蘇補充說：「反向心態，她們在男人那邊得不到自己的感情，很多人家庭沒有溫暖，婚姻也不是很好，就會想去那裡找另一種虛偽的慰藉。我怎麼伺候客人，就要你怎麼伺候我，幫我剝水果，跟我講講話。往往連老幹部都暈船，還好我愛女人，否則我可能也會花錢去。」

好笑的故事背後，更多是令人哀傷的故事。她們突然提起酒店小姐阿妹，直說她真的太傻了，怎麼會相信一個已婚男人說會離婚娶她的鬼話。阿妹有張明星臉，非常漂亮，她愛上了已婚客人，對方老婆沒生男孩，他答應跟老婆離婚娶她，阿妹為他生了一男一女。男人後來買了一台車送阿妹，卻始終沒有離婚，有天，阿妹帶著兩個孩子，開著那台車到山上燒炭自殺。小蘇從報紙上看到消息時，阿妹跟兩個孩子都死了，那個男人痛哭。小蘇說：「在酒店裡，笑是極盡的笑，淚是極盡的淚，可憐是極深的可憐，開心是極歡樂的開心，所有故事都是很深的，不是一般的喜怒哀樂。」

也許是小姐的感情、執念太深，酒店謠傳著非常多的靈異事件。像是每當有人在酒店那間包廂唱《倒退撸》時，大家都會感覺小紅又跟著出來一起唱了，那是小紅生前最拿手、最愛的一首歌。小紅生前愛賺錢，又拚，卻將賺來的錢全交給黑道男友放高利貸，最後錢拿不回來，男友也不理她。她很鬱卒，吃完藥後，打電話問男朋友，為什麼要這樣？原本她只是要嚇男友，沒想到她電話講著就走了。小蘇說：「經理帶檯，她也會跟著去坐檯，太多人看過她了。她認為她還在上班。」也有因為先生愛上酒店小姐而自殺的太太，陰魂不散地跟著先生，徘徊在酒店。

也有許多上岸小姐的勵志故事，最多是遇到好客人，因而翻身的故事。像阿文，長得漂亮，手腕又好，有個已婚客人很迷她，客人的老婆知道後，阿文便跟客人分手，但是他老婆不知道，跑去自殺。小蘇提到如今的阿文，每天帶著三個菲傭上街，因為她後來嫁入豪門，一舉得男，很受婆婆寵愛。

提起那些一邊招呼男人，一邊讀書，不斷往上爬的小姐，小蘇總是充滿敬意。她說：「我有幾個小姐如今在美國、香港都很棒，她們以前上班時積極上進，下班就去進修、考執照，後來有人到日本，有人到法國，有人是做生意成功，但大多數都嫁給老外，老公都很好耶。我們要更上一層，都靠先生，先生都很成功。」小蘇覺得，這些女孩都是因為上輩子有修為，這輩子才有此福份。「至於我們這幾個則是天生累世沒有這個命。」

小蘇罵小姐，也是恨鐵不成鋼。她曾為了小姐吸強力膠跟白板，把她們打得半死，還帶回家照顧，但是小姐一旦吸毒，幾乎都很難回頭。其實那些力爭上游的女孩跟小蘇一樣，都是比較幸運的一群，比較知道自己要什麼，生活也還沒有將她們打擊到一蹶不振，一旦有機會遇上提拔扶持他們的貴人、父母或好男人，就能改變命運。而另一群所謂「虛榮女性」，也許從小成長自支離破碎的家庭，在那個嚴重輕女重男的年代，沒受過教育，不曾學過自尊為何物，因而讓她們放棄了自己，隨波逐流。

如果酒店待不下去了，小姐還能做什麼呢？小蘇、阿惠跟盈盈說：「年紀稍大就只能跑到酒家做，再不行到阿公店，或是到舞廳。如果變成流鶯，也不敢出來講了。」小蘇說得很坦白：「我們真的很沒用，什麼都不會，如果還不守好，老了還要彎腰去洗碗，去麥當勞或哪裡打工。但是你要洗碗可能也洗不動，因為好逸惡勞慣了，年紀大了，沒辦法做體力活。有些還不錯的，生了比較好的小孩，小孩會奉養他，像阿惠跟盈盈的就是，但是也不多。小孩不成材的、混蛋的很多。」

”台灣男人自負，很自以為是，其實內心世界很貧瘠，不知道自己要什麼。……所以彼此互相約，每個禮拜固定吃飯、帶小姐，去酒店排遣空白。他們覺得，男人早回家，沒有面子。“

充滿愧歉的愛戀之路

當身邊同事正在養小孩，苦惱男人和感情時，小蘇也在追求她愛的女人。小蘇一生愛過好幾個女人，每個五官都非常細緻美麗，充滿靈氣。小蘇最常提的就是阿玲跟小雨，直到現在說起這兩個最愛、又無緣的女人，都充滿遺憾。

阿玲的媽媽是小三，從小媽媽就把她放到阿姨家，她的阿姨開貓仔間（妓院），阿玲還曾經給客人倒水盆（小姐接客前，會讓客人先梳洗）。阿玲厭惡那裡，十六歲就跑了，跟男人生了個男孩。這樣的成長環境，讓阿玲很沒安全感，將錢看得很重。小蘇與阿玲在酒店相遇，小蘇對阿玲一見鍾情，追她追了四個多月，兩人才在一起。阿玲很會理家，小蘇當時月入七十萬，她全都交給阿玲。小蘇說：「對我，那就是一個數字，我在乎感覺，不在乎花錢。」一當激情過後，小蘇跟女人的關係就回到平淡生活，小蘇跟一般男人一樣，不太能理解身旁女人那些千迴百轉的心思，也不知道女人永遠需要浪漫與愛，她跟阿玲一起生活了十多年後，阿玲求去。

小蘇很相信阿玲，當外面傳出一些阿玲跟男人的耳語，她完全不想聽細節。她只跟阿玲吵過一次架，為了阿玲外面的男人，小蘇第一次妒忌到用鼻煙管敲破了玻璃。那一年過年，阿玲給了小蘇一百萬，要她拿去做業績，因為小蘇銀行戶頭的錢都給阿玲拿走了，她提出想離開的念頭。之後小蘇回家，傢俱都不見了，她打電話給阿玲，阿玲說在台中，小蘇趕過去，阿玲什麼都不說。小蘇說：「我們從來沒有面對面談到底怎麼了，但是看她這樣，我就明白了。後來我們就分開了。」這些年，阿玲當過小三，後來又再婚了。

每一段感情，走到後來，小蘇總是帶著歉意，她說：「我每個女朋友之前都是異性戀，跟我這女同志在一起都是第一次，所以為什麼我對她們這麼好？因為我覺得是我讓她們變成這樣子的。她們出去，家人朋友都不能接受，要負擔很多東西。我很感謝她們，又覺得對不起她們。所以我的感情無法圓滿。」

每次戀愛，當新鮮感過後，歉意就慢慢浮現在小蘇心裡，她因而更順從對方，給對方自由，但是這反而讓對方覺得小蘇不關心自己。「她們因為我，才過這樣的日子，久了會覺得淡，就想回去跟男人過原來的生活。即使男人把她們打到半死，她們也覺得是正常的。」好像男人再怎麼爛，都強過她，這深深地傷害了小蘇。其實作為T，小蘇的情敵就是男人，但是那些男人有異性戀的婚姻制度為其撐腰，小蘇自然難以跟他們競爭。

小蘇最後一個愛人，是小她整整二十四歲的小雨，兩人相愛了三年，過去傷痕又提醒著小蘇，不該繼續霸占小雨，應該讓她去結婚。她跟小雨提分手，小雨問她為什麼？小蘇跟小雨說：「我不想有一天遺憾地聽到你說：『我為了跟你在一起，沒有結婚，也沒有生小孩。』」提出分手隔天，小蘇就再也沒理會小雨。小蘇說：「我是真的愛她，不想讓她有遺憾。如果她天生就是一個婆，我不會放手。」

幾年前，小蘇父親生病住院，小蘇推著父親到五樓走走，她第一眼看到小雨大著肚子時，非常意外。小雨看到她，也嚇一跳。五樓是產房，小雨準備要生第一胎了。看著小雨還是那麼美，小蘇對小雨說：「你真的結婚囉，你真的懷孕囉。」

小蘇很高興小雨結婚，有了小孩，不過小雨跟先生感情也不好，目前沒有跟先生一起住，只是為了女兒沒有離婚。小蘇不時教訓小雨：「你總要盡點夫妻義務吧，你像話嗎？」小雨都回她：「沒有辦法。」

小蘇苦惱著對我說：「我都快煩死了，為什麼沒有人感情很順的啊？」

不質疑社會結構，複製「理想男人」要求

其實小雨曾對小蘇說：「謝謝你，讓我經歷這輩子不可能有的經歷。」小蘇也曾跟她說：「如果你後來跟老公分開，我們有緣再在一起。」如果同志早些年可以結婚，或許小蘇的故事會有另外的發展，但是小蘇卻不贊成同婚。她認為同志可以在一起，但不要擾亂社會正常的軌道，人類要延續下去，還是要一男一女。「給我們一塊生活空間就好，你們跟我們和平相處就好。」小蘇的願望這麼卑微，是因為她內心隱約害怕自己的愛會妨礙別人，就像她可以為自己的愛情負責，但是她擔心自己曾經愛過的女人沒有辦法承受社會給的壓力。

小蘇也是怕社會太多不理解，強推同婚，會不會反而讓很多人受傷？她說：「兩個媽媽或兩個爸爸去領養小孩，在現在的社會形態，對這個小孩公平嗎？因為社會大部分人都不接受。這小孩要怎麼讀幼稚園？怎麼讀國中？人家不會指指點點嗎？你讓這孩子在還無法正確判斷時，面對這些問題，應該嗎？你們愛這個孩子嗎？對這個孩子公平嗎？」小蘇其實是很深刻的看到主流社會對同志家庭的排斥和歧視，但是她不曾質疑這樣的看法是否有問題。

她以為個人心理夠堅強就可以對抗這些歧視，所以當我問她，曾因自己的性向自卑過嗎？她說：「我幹嘛要自卑，就因為我愛女生自卑，你太好笑了吧？我心態正確，我非常強悍。」

小蘇說，自己真的沒有陰暗的過去，活得坦蕩蕩，當很多T用束胸把自己的胸部束緊，打死不讓婆碰胸部時，她說：「我是女生，我接受我女生的身體，我用我女生的身體去談感情。為什麼有些T的朋友要把自己當成男生去談感情？你是什麼樣，就是什麼樣。」小蘇很心疼這些朋友無法面對自己。

但是，小蘇也沒能對抗這個父權體制，作為一個T，她複製著社會對「理想男人」的要求，除了沒能生孩子，她賺錢給自己愛的女人、照顧父母；她也用同樣的標準要求弟弟。

“好像男人再怎麼爛，都強過她，這深深地傷害了小蘇。
其實作為T，小蘇的情敵就是男人，
但是那些男人有異性戀的婚姻制度為其撐腰，小蘇自然難以跟他們競爭。”

盡孝道，也用傳統價值看待弟弟

某天早晨，小蘇內湖家的電鈴很罕見的響了，一開門，是爸媽手牽著手來看她。兩個八十多歲的老人從永和轉好幾趟車，費盡千辛萬苦來到內湖找她。小蘇很抱歉地迎接他們進門，想到自己每天在酒店工作到半夜，隔天又睡很晚，又要經營自己的感情生活，真的很久沒回去看他們了。小蘇說：「我一直覺得他們很健康，那天我發現我爸媽真的需要我。後來看我媽摔傷，女友也走了，我毅然決然賣掉內湖的房子，辭職回家。」

八年前，八十七歲的母親在家裡摔傷，小蘇立刻辭掉酒店的工作，在父母家附近買了一間小套房，每天早上都回去看他們，買菜煮飯給他們吃。她跟弟弟心軟，看媽媽怕痛，不願復健也就隨她，但是母親慢慢的就癱瘓了。但是小蘇當時也近六十歲了，感覺自己身體真的不行了。她說：「後來我實在扛不住了。還要幫爸媽洗澡，我真的好累喔。但是父母不願請外勞，我只好跟他們說：『如果我繼續這樣照顧下去，你們兩個好自為之，因為我會先死。』父母才接受我請外勞。」

多虧請來的外勞阿咪跟弟弟很會照顧媽媽，讓小蘇偶爾還能往外跑，跟朋友敘敘舊，紓解壓力。阿咪會耐心的將食物弄成泥，餵母親吃，母親因此不用插管餵食。後來小蘇的弟弟也辭掉工作，一起照顧父母。媽媽很喜歡弟弟，有弟弟陪伴，她很滿足。雖然臥床，媽媽沒什麼病痛。

說到弟弟阿志，小蘇後來只有感謝，她說：「如果沒有這個弟弟，我就慘了，我一定得在家，但是我這種個性待在家，一定『萎起啊』（台語：枯萎之意），不會像現在這樣精力充沛，充滿陽光。」小蘇說，沒有人能想像一個男生每天照顧著兩個老人，怎麼受得了，但是弟弟做到了。小蘇的父親想法很負面，會罵人，但是阿志從不反抗，總是默默承受。小蘇有時也會感到悲傷，她覺得弟弟不高興就該反抗，反抗並不是不孝。

以前，小蘇很討厭弟弟，非常看不起他。她說，「以前覺得他很沒出息，什麼話都不講，也沒有戰鬥力。我很喜歡戰鬥，喜歡陽光，而他無欲無求，你覺得我看得慣嗎？」小蘇常罵弟弟：「你是個男人耶，你要不要跟我換個性別啊？」、「你這個男人怎麼這麼窩囊啊？」

面對姊姊的強勢，阿志說，從小姊弟關係就是這樣子，加上自己個性是悶不吭聲型，姊姊愛怎麼罵就隨她。雖然從小，爸媽就很愛他，但是媽媽沒讀過書，爸爸又只有小學畢業，其實不太知道怎麼跟他溝通，就派姊姊來，而姊姊又很沒耐性，面對他這樣一個半天擠不出一句話的悶葫蘆，她就開始發火，「到底是要怎麼樣啦？」阿志就更不講話了。

阿志說，父母從小管他管得死死的，要幹什麼都不行。二十幾歲，他也曾想離開家，但是想到姊姊已經出去了，他再走，兩個老人家怎麼辦？過去這些年，他跟朋友合夥賣過二手手機、創業做過如意噴頭，都沒成功；也因為姊姊介紹，去酒店端過盤子、泊車。阿志說：「我對生活沒什麼反抗，也不知道自己要什麼，就是安於現狀吧。」

對於姊姊小蘇喜歡女生，阿志心照不宣，所以傳宗接代的使命只能由阿志來。父母從他三十歲開始，就不斷請託江蘇跟山東老家的親戚幫他找女孩相親，但是對方通常都是為了錢。至於阿志喜歡的，他因為太害羞，都不敢追。

快四十歲那年，阿志愛上一個大他八歲，離過婚有孩子的女人，父母跟小蘇都反對。阿志說：「那時候蠻痛苦的，那段感情散了以後，我看透了，覺得男女感情就這麼回事，下次不會再被傷害了。」但是阿志四十五歲時還是為父母結婚了。不過他跟妻子生不出孩子，阿志太太曾做過一次人工生殖，但因為太痛放棄了，兩人最後離婚。阿志說：「那時真的想幫父母生個小孩，但是我盡力了，沒有就是沒有。」去年父母又要他相親，他第一次很憤怒的表明他不要結婚生小孩，小蘇氣到摔杯子。

此刻，阿志說出了多年來不敢在姊姊跟父母面前說的話：「我沒什麼出息，但我盡量不給你們找麻煩。姊姊一直在外面，擔子就在我身上，這麼多年也知道結果了，還要逼我嗎？而且我要照顧父母，哪有時間約會？我身上也沒有錢，我已經五十七歲了，怎麼生？怎麼養？」阿志說得心酸，因為他實在太愛父母跟姊姊了，但是他們要求他做的事，他真的做不到。訪問阿志時，他母親已過世半年多了，但是阿志提到她，還是淚眼汪汪，依賴父母久了，阿志其實還沒有獨立。這也是小蘇牽掛的，她還是希望弟弟有個伴，她才會放心。

看盡塵緣，仍殘餘些許憾願

母親辭世那一天，小蘇還坐在她身旁陪伴，不時摸摸她的臉，摳摳她的手，幾小時後，母親於睡夢中斷氣。小蘇感恩母親可以走得快，避開送醫急救的痛苦，這也是她這幾年求神問佛，許下的心願。

母親走後，小蘇更勤於跑寺廟，為母親祈求冥福，也祈禱家人平安。每週三，她都會來到公館一家宮廟幫忙。宮廟藏身在捷運站旁的摩登大樓裡，神桌前供奉著關聖帝君，有幾個信徒來問事，宮主正起乩跟帝君溝通，小蘇就坐在一旁記錄。每個信徒都在煩惱兒女跟家庭紛爭該怎麼處理，個個愁容滿面，那是一代代複製下來的問題，很難解，甚至可說無解。看久了，小蘇的心境也逐漸轉化。她說：「我現在看得很開，人會遇上什麼事，都是累世的業報。」

忙完問事，小蘇忙著準備晚上的打坐，今晚會有三十個人來打坐，阿志也會來。「我跟我弟都沒有子女，我們可以專心修行面對自己的問題，後來我覺得我們這樣是有福報的。」小蘇說，其實她活得很暢快，只遺憾，以前帶女生回家，沒有好好跟母親解釋她跟這些女人之間的感情，「沒辦法讓父母了解我的性取向，我有點歉疚，因為他們把我沒能組成家庭，歸因於是他們沒把我照顧好。」

那天，小蘇跟朋友走在信義計畫區，看著街上摟抱擁吻、自由戀愛的男男女女，她好生羨慕，她轉過頭對朋友說：「如果我晚生二十年就好了，我可以活得更暢快。」小蘇這一生活得爽颯自由，無奈受限時代的束縛，難以盡情愛人，對此，她仍有說不出的遺憾。

”訪問阿志時，他母親已過世半年多了，但是阿志提到她，還是淚眼汪汪，依賴父母久了，阿志其實還沒有獨立。這也是小蘇牽掛的，她還是希望弟弟有個伴，她才會放心。“

作者手札

愧疚沒能為養父母傳宗接代，小蘇怎樣都無法接受同婚。我曾問她，難道沒想過，那些女人離開她，可能就是因為她沒辦法給她們婚姻那種保障跟社會認可？小蘇沒回我，但是，對她來說，傳統怎能改呢？時代變化如此之快，小蘇很焦慮，太多事不了解了，她就歸因於命，這也是她到處求神拜佛的原因。

三 一封給女兒的家書

前言

怡雯（四十九歲）

「女人難道就真的這麼沒有價值？」怡雯活著，好像就是一直在跟這種看法對抗。

怡雯很感慨，從二十三歲結婚後，她完全沒有了自己，先生卻說她為這個家做的事不算事。她很怕自己繼續待在這個婚姻裡會對不起自己，年近四十時她決定帶著女兒出走。

為了不讓女兒重蹈她遭受過的失學之苦，離婚十年來，她省吃儉用，幾乎把身上資源都拿來教育跟栽培兩個女兒。直到最近大女兒從法國留學結束，回到台灣，怡雯終於能稍稍卸下長年的經濟壓力。

過去，怡雯不想讓她跟先生的關係影響女兒，對於先生怎麼貶抑她、打她，她不曾對女兒多說什麼。如今四十九歲的她全身病痛，感覺自己猶如風中殘燭，不知何時會離開，她想告訴女兒她跟她父親過去發生的事。

她提醒女兒：要看重自己、爭取自己的權利，女人不是男人的附屬品。

英織：

你終於畢業，從法國回來了。媽媽感覺輕鬆了一些，現在有事可以馬上跟你分享或找你分勞，不再像之前，我有事想找你討論，你那邊是睡覺時間；或者你正忙著上課、趕作業，我只好自己處理。你妹妹正處在青春期，非常叛逆，有時搞得我都快瘋了，現在由你先去跟她溝通，雖然你大她八歲，但是是同輩，她比較能接受你的想法，我們因而避免了許多衝突。

此刻我正在家裡練著老歌《路邊的野花不要採》，準備下週六在淡水安養中心表演。我很喜歡這首歌，相當俏皮，為了讓表演豐富些，我還特地在淘寶買了件繡花旗袍跟扇子，加了些我這幾年從歌仔戲學來的身段，很謝謝你跟妹妹當天願意用長笛跟鋼琴來幫我伴奏。妹妹到時還會跳交際舞，雖然她沒有舞伴，但是學了這麼多年，又是她的興趣，我很期待她的演出。

我真的很滿意這個新租的房子，雖然是老公寓，但是四十幾坪很寬敞，我們三個各有各的空間，迎接我們接下來的生活，真的很好。之前租的那間小套房，除了一間廁所，房裡只能擺張床跟書桌，空間很狹窄，我跟你妹彼此干擾得很嚴重。我經常坐在那擔心著某些事，又或者想起過去的傷痛，家裡氣氛就會立刻改變；或是看妹妹吃著東西，把垃圾放在桌上，或是什麼東西沒收好，我受不了就會嘮叨，這些壓力，都讓我跟妹妹很難愉快相處。但是為了省錢，以支付你留學的開銷，我們只好暫時忍耐。

我很欣慰你很努力，剛回台灣才兩個月，就積極找工作，也開始收學生教長笛跟鋼琴。但是你想加入的樂團競爭激烈；現在收學生，父母還要求老師試上，真的都不容易。但是慢慢來。媽媽建議你多累積一些表演經驗，讓更多人認識你，更適合你的機會就會出現。妹妹沒有你會唸書，但是她喜歡孩子，現在唸幼保科也很好；加上她會很多樂器跟舞蹈，我想慢慢也會找到自己的路。

跟你父親離婚十年來，我盡力地支持你跟妹妹各種學習跟需要，我相信我給你們的，夠你們未來獨立了。

父親並不珍惜與你們的天倫情

我很喜歡我們母女三人現在的狀態，各自做著各自喜歡的事，回到家又有一些生活的交集。離婚後，我自己也到處找社大的課程跟老師學習、經營自己的興趣，這些都是我在離婚前，完全沒有機會做到的。我也交了許多朋友，我相信如果有一天，你們離家了，我一個人也可以過得很好。我雖然為你們付出很多，但是我不要求你們回報，我只希望你們趁我還在、還有能力的時候，盡情地學習，做自己想做的，我就是支持你們。

那天看你跟妹妹滿心歡喜的出門去找你爸爸，我百感交集。我從來沒有阻止你們去找他，因為我明白親情擋不住，我也知道你們非常渴望父愛，但是長年看到你爸爸對你們的冷漠，我又氣又痛。當年，我跟你爸提離婚時，不管他怎麼打我，我都不願意讓我們夫妻之間的問題影響你們姐妹，但是你父親千方百計將你們拖下水，要你們來評理。我覺得你父親只顧慮自己的感受，實在太自私了。

你父親眼裡只有自己，從來沒有認真了解過我，他覺得自己是很棒、很好的男人，我卻選擇放棄他，他不能忍受，到處跟人說我有神經病。他把婚姻的失敗全部歸咎在我身上，對我充滿怨恨。

當我們離婚，在你們最渴望他的愛時，他只顧著賭這一口氣，光顧著再婚、再有自己的孩子。你們的養育費他愛付不付的，我得說一句不好聽的話：他不曾真心對你們。

我跟你父親談離婚時，他在知道你可能出國唸音樂後，就經常跟我說，他不可能出錢供你出國讀書。我們離婚時，你十八歲，妹妹才十歲，他只答應付你們的養育費到二十歲，結果你的養育費，他只付了兩年。你二十歲後去法國讀書，多年來，他還真的沒有幫你出過任何留學費用。你還記得有一年，你想從法國回台灣，你問爸爸可否幫你出機票錢，他跟你說，他沒有錢嗎？也許他這麼說，只是因為恨我，但是說到底，你畢竟是他的孩子啊。

你父親就是看準了你們渴望他、不敢在他面前表達對他的不滿，所以他越不在乎你們。我是越來越不高興你們去找他了，我真的很不忍心你們姊妹倆受委曲。現在你長大了，有些事，我是應該跟你說清楚了。

我是如此的珍視你們姊妹倆，不願你們再有機會承受我曾經歷的痛苦。

人生悲劇源自重男輕女

我是家中的獨生女，有六個哥哥，但是我並不是人家說的掌上明珠，我從未受到我的父母跟哥哥、也就是你的外公外婆和舅舅的疼愛。從小，我就清瘦高䠷，身材很適合跳舞，記得小三時，老師問我要不要學芭蕾，學費一個月四百塊。我好興奮，一回家就立刻跑去問我爸爸，可否讓我學芭蕾？他回我：你去跟老師說，如果學費是兩百塊，我就讓你學。那時我沒有聽懂我爸爸的意思，還傻傻的去跟老師說，老師沒有任何回應。我稍長才明白，我爸爸不想讓我學，又不明說，他根本沒有心。

我喜歡音樂，很愛唱歌，到了小學六年級，我參加合唱團，老師問我要不要學唱歌，他可以安排表演。我又跑去問我爸爸，這次，他要我唱首歌給他聽，我唱完，他又冷冷說了一句：「這麼難聽，你沒有資格進合唱團。」你外公拒絕我，很大原因是因為我是女兒，他認為，兒子都沒花這種錢了，幹嘛花在女兒身上？其實我到成年後，才真正懂你外公這些行為的意思，他在侮辱我，要我死了這條心。

我升上國一時，被醫師診斷有嚴重的脊椎側彎，後來嚴重到必須開刀了，但是當時沒有健保，手術費需要二十萬，你外公不願意出錢讓我動手術。那時背架對我已經沒有幫助了，而且是用鐵做的，穿起來整個連身到脖子，會露出制服外，我非常不能接受，我知道有種鐵架不會露出衣服外，但是你外公不肯多花錢再做一件。

鐵架整個束縛了我的上半身，因為熱，我上學途中就會偷偷脫掉。你外公沒有表示任何關心。有次我在吃飯，我看到他站在我身後打量我的背，那時我感覺他不是我的父親，而是個無關的第三者，用涼薄的肢體語言說著：「這人怎麼會這樣？好可憐。」然後他拍了我一下，好像我是身心障礙者。我當時感覺他真的一點都不愛我，我生氣的撥開他的手，說：「別碰我！你從來沒有關心我，碰我幹嘛？」我一直到婚後，生下你之後才開刀，別人看我都很正常，卻不知道我拿殘障手冊，經常全身不舒服。

我母親因軟弱而無能改變

那時，你外公整天就是工作。至於你外婆，要幫你外公工作，加上養了七個小孩，她沒有多餘時間照顧我。從我四、五歲有記憶以來，我碰到事情、受委屈，跟她說，她都忙到沒時間聽我講話，後來我就不講了。其實家裡洗衣店生意不錯，又都是收現金，你外婆在櫃檯管錢，對我想學什麼，是有點決定權的，但是她非常傳統，不願意也沒勇氣忤逆你外公的意思。

你外婆的無能，你妹妹看得最清楚。你出國後，為了節省開銷，我在財務跟生活上做了一些調整，我將我們的房子出租，帶著你妹搬回你外婆家住，我心想你外公過世了，哥哥都不住家裡，媽媽一個人，我們剛好回去陪她。人家說，娘家是女兒最大的依靠，沒想到跟你外婆住的那兩、三年，我卻承受更多傷害。

你外婆只希望兒子注意她，所以就犧牲我。像她跟你舅舅說，我跟她住的這幾年，她沒有吃過我煮的東西，你舅舅於是跑來辱罵我，最後我只好每次煮完飯，就拍照上傳到群組給哥哥們看。你外婆說了很多不實的謊言，就是為了得到舅舅的關心。唉，其實她那時應該有輕微失智症了，你舅舅不了解，就來霸凌我。他們很怕我這個女兒來分財產吧。後來小舅把我跟你妹趕了出去，他們全家搬回去。唉，我們家的男孩子都是被寵出來的，他們經常像發瘋似的罵我，你外婆完全不會阻止，她只深怕兒子們不理她、不照顧她。

你外婆其實可以阻止這些事發生，但是她卻讓事態更嚴重。我看到我母親一生軟弱，造成她自己跟孩子的缺憾。原生家庭對人的一生影響真的太大了，所以我從小就告訴自己，我絕不要成為像我母親那樣的人。

所以你可以想像我這一路上有多孤單。整個國中，我都沒辦法好好讀書，我逃避了三年。我覺得家庭沒有愛跟溫暖，所以十五歲國中畢業那年，就搬出去了。我當童工賺學費，半工半讀。當時我在一間蠻大的電子廠上班，開始先打字，後來調到人事室，再進生產線上當女工。但是我始終無法應付職場上，大人們的那些人情世故，於是讀完高職後，我就辭職回家。有段時間，我每天就是幫你外公外婆顧店，日子一片蒼白。

> 那時我感覺他不是我的父親，而是個無關的第三者，用涼薄的肢體語言說著：「這人怎麼會這樣？好可憐。」然後他拍了我一下，好像我是身心障礙者。我當時感覺他真的一點都不愛我。

因一句「有人要就不錯了」而嫁

很多人都說我長得漂亮，但是我一點都不覺得。因為生病，我原本決定這輩子不要結婚。

我曾跟一個喜歡的男性朋友有過短暫的感情，但是因為自卑，我覺得我們不會有結果，所以離開了他。就在那時，你父親來追我，他是我的高中同學，是長子，又是長孫，從小活在掌聲中，習慣聽讚美的話。我曾為他拿過一個孩子，就因為他不敢承擔。所以後來當他父親催他結婚，他來跟我求婚時，我其實並不想結。而且我身體的缺陷，也讓我當時覺得自己不配有婚姻。沒想到你外婆說：「你條件不好，有人要就不錯了，你就趕快嫁了吧。」為了她這句話，我就這樣嫁了。

我跟你父親才認識一年，了解不多就步入婚姻，你大概會覺得很不可思議。可是我的成長背景，讓我很在乎別人的看法，我總是怕別人失望，於是就委屈自己。別人要求我做什麼，除非我很確定做不到，否則我都說好，不太敢拒絕。最近，我慢慢想辦法克服，但是很不容易。

我跟你父親的基本價值觀、人生觀實在差太多了。他非常大男人主義，而我因為很早就要自己面對所有事情，所以也不是小女人，兩人經常講不到幾句話就吵架。你父親覺得我是個女人，他幹嘛聽我的？你相信嗎？他可以在跟我親密時，為了一句話不愉快，甩頭就走，因為他滿足了，留下我愣在那裡。

但是我有了你，我必須為這個婚姻努力。我二十三歲結婚，跟著你父親一起經營公司做生意，我生你後連月子都沒有做，生完馬上上班，下班就回家做家務。你父親不做家事，你也知道的。

你爺爺也非常大男人。婚後，我因為有生男孩的壓力，一年半了都無法懷孕，你爺爺有一次當著我的面，在她的姊妹面前，對著你爸爸說：「你儘管去外面找女人，娶進來也沒關係。」當時，你父親不僅沒有阻止你爺爺說這些話，事後也從沒有安慰我。多年後，我曾跟他抱怨，「如果你多考慮一點我的感受，我會好過許多，但是你沒有。」

曾對這樁婚姻有過期待

從小，我沒有享受過親情之愛，總是寂寞的獨自面對許多困難，所以我踏入婚姻後，只有一個期待，就是我的先生可以陪伴我，跟我講話，是我可以依靠、親近的人。我曾對這樁婚姻充滿期待，我也愛過你父親。說來可笑，那時我還買了一對看著報紙的老公和打著毛線的老奶奶瓷偶，放在臥房電視櫃上，我期待我跟你爸能像這對老夫妻般和樂。

我真的好希望有個談心的伴侶，但是我跟你爸毫無交集。結婚第七年，我就有離婚念頭。可是我覺得總要再給自己一個機會試試，我還是希望這婚姻是長遠的。你爸是獨子，為了給夫家交代，即使我身體不好，我決定再生一個。我懷第二胎的整個過程，你爺爺奶奶不斷追問是男是女？醫師檢查後則說，遮住了，沒辦法看到。

我生下你妹妹後，表面上他們什麼都沒說，但是我可以非常清楚的感受他們內心的空虛。你爸後來跟我說，當我第二胎臨盆聽到是女孩時，我當下就哭了。可是我一點印象都沒有。我一直懷疑你爸的說法，覺得我會這麼在乎是男是女嗎？或許你爸說的是真的也不一定，因為第二胎我真的是為他們家生的。

我人生最精華的青春，都在這個家裡，我完全沒有自我，和自己的人生。跟你爸一起工作，磨擦越來越多，我真的覺得好累。可是你父親卻覺得，我在公司跟家裡做的這些事都不是「事」，只有他在外面跑業務，才算做事。他不怕我做死，只怕我閒著。我當時累到只剩四十公斤，可是他完全沒有感覺。我看到你父親對他的家人付出、有愛，對我卻完全不同，我真的很傷心。

我從小那個家就是空的，我何嘗不想要一個完整的家？所以有幾年我撐著，不想放，我一直等你爸改變，可是我一直等，都等不到。跟你爸結婚第十五年，我整個人都枯竭了，一顆心空空洞洞。

那時我快四十歲了，想到自己的身體有殘缺，能用的時間更少，我更覺得自己已經沒有那麼多時間跟生命耗在這裡，我不能再繼續這樣下去。我另外請了一個小姐在公司幫忙，我離開公司，開始交朋友，做自己想做的事。你爸更受不了了，他覺得他辛苦工作，我憑什麼閒著？尤其他不知道我在做什麼，跟我摩擦更多，我覺得這婚姻再也走不下去了。

在婚姻中筋疲力竭，主動求去

我是確定了幾件事，才堅決走上離婚這條路。第一，我跟你父親已經沒有感情了；第二，我很清楚我以後要怎樣過日子；第三，我覺得我離婚後，應該可以過得更快樂。當我做好決定要離婚，我拿著那對老夫妻人偶看了好久，然後我將他們扔進垃圾桶裡。

我立刻找了一個認識的律師朋友幫忙寫離婚協議書，想跟你父親慢慢協商看怎麼離婚。他第一次聽到我要離婚，完全無法接受，很憤怒，開始打我。每一次我們談到離婚，都是吵架跟暴力，那張協議書早就被他撕掉了。

他甚至經常強迫我跟他發生關係，我不知道吃過多少事後避孕藥。男人很奇怪，以為這樣就可以留住女人。我跟你父親婚姻中唯一能配合的大概就是性了，這部分我們一直很和諧。所以我後來跟朋友聊，婚姻走到離婚這一步，主因絕不是因為性，性頂多占三分之一，如果其他三分之二不好，這三分之一再好都沒用。

你父親每次傷害我，我都到醫院驗傷，後來我決心去申請家暴令。這過程中，我盡量不讓你們受影響。記得有一次，我跟你父親帶著你妹妹走在路上，結果我們又發生爭執，你爸在大街上當場痛罵我：「你到底做了什麼？」然後推倒我，你妹妹當時還小，杵在一旁，其實不太知道是怎麼回事，但從她的眼神，我知道她為我感到非常悲傷。

我不斷跟你父親談條件，整整花了兩年時間，才終於離成婚。離婚這麼複雜，因為合起來的東西要分很困難，所以離婚比結婚需要更大的決心跟勇氣。媽媽身邊很多朋友，老公外遇、對她很壞，她們巴不得把老公踢出家門，可是仍然不離婚，為什麼？因為她們認為，她們從年輕跟老公奮鬥到現在，到老才出去吃苦，她們才不要呢！可是我的看法不同，我想拿回我的人生，彌補我過去的缺憾，否則我死時，一定會悔恨，無法瞑目。

"你爺爺有一次當著我的面，在她的姊妹面前，對著你爸爸說：「你儘管去外面找女人，娶進來也沒關係。」當時，你父親不僅沒有阻止你爺爺說這些話，事後也從沒有安慰我。"

離婚後重建自我

離婚這十年，我做了好多以前沒有辦法做的事。我去救國團上烹飪課，考了兩張廚師執照。我也去社大學歌仔戲，既可以唱歌，又可以學習很漂亮的身段，後來還加入老師的福音劇團，到教會跟老人院表演。我上這些課都很便宜，你跟妹妹一堂課的學費，我可以上一學期。還有新北市開設給身心障礙人士終身學習的樂活大學也有很多有趣的課程，一學期十六堂，總共才三百塊，能學的東西太多了。

媽媽最開心的是，因著這些學習，我影響了你們。像我學過國標跟長笛，雖然後來沒持續，但是因為我起了這個頭，你也跟著學長笛，並加入學校管樂隊，後來主修長笛。而我讓妹妹學國標舞，是覺得這對她未來會很有幫助，她現在也跳得很好。

如果我跟你父親還在一起，這些學習跟成長根本不可能發生。像我跟你父親離婚後，我覺得雖然我們夫妻分開，但是你們姊妹倆還是各自擁有我們的愛，所以有段時間，我還是讓你父親跟著我們一起住。

那時剛離婚，我對自己沒什麼信心，開始去當志工，想透過慢慢建立自己的人際網絡，長出一點自信，可是我每次回家，你父親都會不高興的質疑我去了哪。即使離了婚，他仍以為我是他的附屬品，那時我就覺得不能再繼續這樣下去了，後來他再次對我施暴，那次我就報警，要他搬走。

你父親搬走不久就再婚了，婚前還買了間房子，過戶給他的新婚妻子。說來真的很不公平，我跟他離婚，要求分財產，我名下的房子跟存款歸我，公司跟公司存款歸他，他卻說，這些財產都是他賺的。我十五歲就開始工作，結婚時，比你爸還有錢，他當時口袋空空。後來做生意賺錢，公司都是我們兩個一起打拚出來的，他卻說所有財富都是他賺的。而他的新婚妻子沒跟他奮鬥過一天，他就買房子給他。而且婚後，他老婆繼續上班，沒管公司的事，他忙完公司，回家還要做家事，對她跟對我怎麼差這麼多？而且離婚時，他很擔心家產給我，我會給別的男人，可是他自己呢？

其實你爸是太不了解我了。我早就看穿很多男人自私、只在乎自己的利益。我在外人眼中，就是個帶著兩個孩子的失婚女子，會有多好的男人靠過來？即使有人對我有興趣，也是離過婚的，這種男人都不想再婚，要的就是一個女人陪他，如果我是個傳統女人，想要個老伴，想要當個小女人有人疼，我可以靠上去，但是我不是啊。而且這種男人就怕你要靠他養，他只想要他要的。我並不想要這樣的男人，而且我的生活早被我想做的事填滿了。

放手讓寶貝女兒飛

媽媽因為學歷低，什麼都不會，加上從小得靠自己，我對自我的感覺很差。我最怕別人問我有什麼專長，即使現在我努力學習唱歌跟歌仔戲，也有很多機會表演，也教課，可是到了我這年紀，怎麼唱就是唱不好，我只能當興趣學，有些缺憾真的難以彌補。所以我意志非常強烈的告訴自己：只要我有一點點力量可以做到，我一定不要讓我的孩子承受任何我曾經歷過的痛苦，不管你跟妹妹想走怎樣的路，我都會想盡辦法支持你們。

所以我從小就把你們保護得很好，我沒讓你跟妹妹做過家事。記得當你唸到大二，你跟我說，在學校都學不到東西，很想出國留學時，我理解你那種心情。那個環境已經無法再給你刺激了，你想去看更大的世界，而且你年滿二十歲了，我覺得我也保護你夠了，你可以獨立，去飛了。出國後，你真的適應力很強，很快就會自己煮飯，什麼都會。

媽媽心裡一直知道你的好，但是我因為過度自卑，加上成長盡是坎坷，我看到的永遠是負面的，不僅做不到讚美自己，也經常批評你們，這是我一直無法戰勝的部分，有時候跟你們相處就出現問題。比如挑剔你們不足的，常說你們不夠好，特別是妹妹這幾年跟我生活在狹隘的空間，在生活上，我對她又多有要求，這對一個青少年並不容易。其實你們優點很多，要對自己有信心。

媽媽前幾天跟你交代過，哪些財產跟存款在你們名下，這都是媽媽從出社會到過去婚姻時累積的。你一定很奇怪，既然有這些財產，為什麼我還要讓你自己貸款一百萬付學費？因為我們終究不是有錢家庭，我犧牲掉我可以擁有的，不打扮、也不用名牌，才能送你出國。所以，我希望你能珍惜自己擁有的，明白一切都得來不易。

身為母親的叮嚀

到媽媽這年紀，人生很多已經無法改變了，能發揮的也很有限。可是你們不同，你們的人生才要開始，還有很多發光發熱的機會。能成全你們，媽媽覺得很值得。

因為身體不好，我知道自己的壽命一定比一般人短，如今媽媽已經是風中殘燭了，不知道什麼時候會離開，所以我先跟你交代遺言。如果有一天我走了，我希望你們做到三件事。第一，不要搬去跟你爸爸住，因為他已經另有家庭了，我不要你們在他那裡受到任何委屈。除非，他只剩一個人，需要人照顧。第二，你們太單純善良了，媽媽很擔心你們的弱點被你父親利用。

所以他日後生意如果遇到任何困難，跟你們借錢，絕對不要借給他，他不會還的。最後，你們姊妹也是你父親的孩子，未來如果你父親過世，你們要懂得去爭取權利。

關於你交男朋友，媽媽要你多看一些，是因為你現在男友是你的初戀，如果以後結婚，你才發現他並非你的理想對象，你會有遺憾。我知道你很喜歡孩子，很渴望婚姻，但是媽媽一直建議你不要太早結婚，是希望你不要侷限自己，給自己幾年時間發展事業。因為女人一旦進入家庭容易放棄很多事，那就違背了你當初出國的初衷。

我對你父親唯一感謝的是，他讓我擁有了你們，媽媽真的很愛你們。

“媽媽心裡一直知道你的好，但是我因為過度自卑，加上成長盡是坎坷，我看到的永遠是負面的，不僅做不到讚美自己，也經常批評你們，這是我一直無法戰勝的部分，……其實你們優點很多，要對自己有信心。”

作者手札

站在舞台上的怡雯，如出水芙蓉，就像是從古畫卷軸裡走出來的古典美女。但是，私下的她經常滿面愁容。我忍不住勸她，身上的負擔跟傷痕都該卸下，好好療癒自己，但是她停不下來，她不願錯過每一堂課、每一場表演，只有這些時刻，她感覺自己真正的活著。

4

我單身 我很珍貴

前言◉◉

沈燕（五十三歲）

「跟誰結婚」、「何時結婚」這兩個問題從女人生命初期就左右了女人。沈燕也是如此。

她曾經很愛小她七歲的男友阿瑋，一直等待阿瑋求婚，她覺得只有跟阿瑋定下來，她才能決定未來要住哪，要過怎樣的生活。

但是生命中兩個摯親——媽媽跟姊姊的婚姻結局，卻改變了她的想法。八年前，看父母都不在了，而身邊的阿瑋又不想結婚，她不想人生被這樣困住，毅然決然地跟阿瑋提出分手，專心投入學佛。

沈燕說：「如果我還看不懂怎麼回事，我就太對不起我媽跟我姊了。我決定不強求婚姻，想做什麼就去做。」

過去幾年，沈燕不再為情所苦，轉而關注自己，逐漸看清楚自己憂鬱的原因，其實問題不在男人身上，而在於她始終沒能好好處理親人接連離去的悲傷跟遺憾。

與貓相依為命的禮佛女子

這天忙完法會，五十三歲的沈燕鬆了一口氣，雖然還是有很多瑕疵，但總算完成了，到這年紀，步履維艱的走過許多脆弱跟失敗，已經比較能接受自己的不完美了，現在她只想好好休息幾天。她離開道場，騎著摩托車回家。她現在的家位在台南安平一棟大樓內，是父母過世後，她用父親留給她的錢買的。

出電梯一進家門，就是客廳，說是客廳，其實是佛堂，供奉著藥師佛。以前愛貓沈小咪還在時，許多傢俱依牠的需求設計，但是，沈小咪在十歲時，因意外墜樓死亡。以前沈小咪在，擔心牠亂抓東西，沈燕勤於打掃，現在家中只有沈燕一個人，她很少收拾了。

她放下機車鑰匙跟口罩，先走到浴室洗手，打算禮佛。如果是以前，她一進家門就先禮佛，沈小咪都會凶她，像在質問她：你又跑到哪裡去了？為什麼讓我孤單地待在家裡這麼久？所以沈燕一回家都會先安撫牠，幫牠梳毛，再去禮佛。想到沈小咪那種氣嘟嘟的可愛模樣，沈燕打從心裡笑出來。

當初會收養沈小咪，是因為父母過世後，兄弟跟姊姊各自有家庭，家中只剩下她一個人。男友阿瑋對結婚一直很不積極，她沒辦法確定自己究竟要在哪落腳安頓。她想養貓，可是就連養隻貓都要先等結婚確定住哪了，才能決定。那天從男友埔里家回來，她不爽的想著現在就她一個人了，為什麼連養隻貓都不能自己決定？於是，她下了火車，直奔動物醫院。當時沈小咪才三個月大，是隻金吉拉跟美國短毛貓的混種米克斯，從頭部上半邊到背部是黑灰色斑紋，下半張臉延伸到脖子兩側、肚子跟短腿，則是純白色，一雙專注直盯著人瞧的眼睛，有點傲嬌氣，卻非常親人，沈燕立刻決定收養牠。

一般人的臉書不是放自己的照片，就是放跟男友、女友的放閃照，或是曬娃、兒女照，沈燕到現在放的都還是沈小咪的大頭照。跟沈小咪相依為命九年，沈燕一直很感謝沈小咪陪她度過失親的無依與傷痛。過去二十年，先是母親突然往生，八年後，父親也因心臟病猝逝。沈燕內心懷著對父親諸多未解的衝突與矛盾情感，陷入憂鬱，是沈小咪讓她重拾笑顏。但是不久，最親密的姊姊罹患癌症，壯年早逝。最後，沈小咪也離開了。

單身的隱形社會歧視

位於中西區的老家早已家破人亡，一樓傳統老店的生意在父親走後維持了幾年，最後因為家裡無人可以接手，只好結束。樓上住家只剩繼母一個人。只不過沈燕心裡很不滿，父親跟繼母結婚才三年，父親就走了，除了財產，繼母根本沒在乎過這個家。那原本是沈燕的家，她在這裡出生、長大，她曾經千方百計試著在母親過世後守住，但是父親再婚後，要求她不要介入他跟後母的「家」。父親過世後，她逐漸意識到，過去那個家是真的不在了，她搬出老家，有了自己的新家。

說到自己單身多年，沈燕覺得有時候很容易讓人誤會。她提到最近一件非常困擾她的事。她跟一位師兄經常合作辦活動，兩人也就僅只是工作上的好夥伴。但是，這位師兄經常跟她談一些家務瑣事，比如他老婆比他大，當年是怎麼認識的；然後為了買房子貸款，接著又為了老婆要出國讀書，他也去貸款。二十幾年婚姻，他如何配合老婆、跟老婆感情如何不好云云，她聽聽，也不以為意。有天，他問起沈燕對婚外情的看法？沈燕說，她不喜歡婚外情，不接受婚外情。

不久，這位師兄突然寫信跟沈燕說，等明年女兒大學畢業，他就要跟老婆離婚，這樣他就自由了。沈燕突然覺得很不舒服，感覺被這位師兄騷擾了。但是這種事又很隱諱，旁人很難理解，因為對方可以說，是沈燕亂想。考慮再三，她還是跑去跟主管反應，請他們以後辦活動不要再安排她跟這位師兄同組。

沈燕說：「社會對單身女生有一種偏見，一種就像我師兄，覺得我們單身，以為可以對我們幹嘛——就是可以對我們下手吧；另一種則懷疑我們想要幹嘛，一副『我是有老婆的，你不要對我怎樣！』莫名其妙，我覺得被歧視、受傷害。還有一些女生會防備我們，覺得因為我單身，所以我會跟她老公或男友怎麼樣，光是互動就很防著我們。拜託，我單身，我還蠻珍貴的。重點是，我對已婚、有女朋友的人，根本不會有興趣好嗎！」沈燕對婚外情、劈腿的行徑，早已恨之入骨。

不管女人最終結不結成婚，或是決定不要結婚，「跟誰結婚」、「何時結婚」這兩個問題從女人生命初期就左右了女人。沈燕說：「我不是不結婚，而是沒有辦法，我沒有結成婚。以前我的夢想是，在家照顧小孩，等老公回來，後來看到我爸媽的婚姻，我覺得這種相互依賴的生活是很可怕的。」一個頭小巧的沈燕總是笑笑的，但是陳述這些想法時，在無奈中，仍透著一種溫柔的堅定。

從小，沈燕覺得爸媽感情很好，兩人一起顧店做生意，晚上店門關了，就一起出去看電影，到哪手都牽著。家對沈燕來說，曾經是一座非常安全的城堡。直到唸國中時，她第一次看到爸媽爭執，「我爸很大聲，我媽很柔軟，但是那種感覺就像我的城堡要垮掉了。」

”社會對單身女生有一種偏見，一種覺得我們單身，以為可以對我們下手；另一種則懷疑我們想要幹嘛。還有一些女生會防備我們，以為我會跟她老公或男友怎麼樣。拜託，我單身，我還蠻珍貴的。“

深感母親的情路坎坷

「我第一次知道我爸有外遇，是高中，後來才知道我爸已經不止一次了。他的身分很容易受誘惑。」沈燕的父親出生台南玉井，家裡兄弟姊妹很多，沈燕的爺爺又不負責任，家境非常窮困。為了幫助家裡，沈燕的父親初中就出來當學徒。他苦學傳統技藝，白手起家，自己開店做生意。

辛苦多年，店裡生意很好，賺了不少錢，社會地位也越來越高，開始吸引一些女人。沈燕說：「那是一種台灣男人的價值觀，覺得外面就是要有個小的，然後有個房子，讓他們可以放鬆休息。在那個年代，有些女生專門靠著當人家的小老婆生活。有個跟我爸爸做生意的業務，就介紹這樣的女生給我爸爸。」

這對沈燕的媽媽打擊很大。沈燕的媽媽家境不錯，嫁給先生後，夫妻一起建立的那個家就是她生活的全部。先生開店，她一路支持。婚前，她原本在當會計，為了結婚，她離職，領了五萬塊退休金，後來這筆錢她全部拿出來資助先生買店面，這在當時是很大的一筆數目。每天，沈燕的媽媽除了洗衣服，燒茶，照顧四個孩子，準備早餐，她還要幫先生顧店，根本沒時間交自己的朋友。

沈燕說：「記得小時候，一年只休過年那三天，我們會上台北。其他時間，店沒有在關的啦。」每天中午吃飽飯，沈燕的爸爸去午睡，沈燕媽媽顧店，經常顧到打瞌睡。沈燕父親午睡起來，換沈燕媽媽進去睡，有時客人一多，沈燕媽媽才剛躺下不久，沈燕的父親還是得把太太叫起來。「那時，我們有請店員，但是人手還是不夠。而且我爸還有收學徒住家裡，我媽要照顧他們。每天我媽最早起床，最晚睡覺，像陀螺一樣。家裡又跟店面連在一起，生活毫無品質。」沈燕說，直到公會規定要休假，他們家才開始有店休。但是沈燕的爸爸仍然捨不得關門，假日鐵門還是半開著，等到下午確定沒有客人了，才帶全家出遊。

沈燕的父親很提攜弟弟妹妹，弟弟妹妹中學畢業，不管是來台南市工作或繼續讀書，都住在沈燕家，沈燕的母親很有肚量的接納照顧大家。沈燕奶奶後來過世，沈燕的爺爺除了回玉井老家，其他時間也住在沈燕家裡。做為媳婦跟嫂嫂，沈燕媽媽的責任沉重。

直到店裡多請了幾個店員，沈燕的母親才比較輕鬆，不過那時她開始洗腎了。沈燕說：「我媽會洗腎，是因為，她曾為了我爸外遇自殺過兩次。當你心不在的時候，你對另外一半是非常狠的。那時店裡晚上打烊後，我爸就出去了，我媽當然知道他去哪裡。她輾轉反側，好不容易睡著了，我爸回來了，燈開了，床『砰』的一聲就坐下來，我媽就醒了。然後我爸躺下來呼呼大睡，我媽就睡不著了。我爸認為：我給你錢，我又不是不顧家，我有回來表示我顧家，但是你就必須接受我在外面還有一個。不接受好像就不識大體。」沈燕父親身邊那些朋友，也給他這樣的想法。

「我媽當時一定非常擰心……」用台語說到「擰心」兩個字，沈燕苦澀的停頓了一會兒，「我媽第一次吃安眠藥自殺，是我高中時，第一次有寫遺書，寫著絕筆，後來被救回來。從此，我很害怕失去她。我每天下課就回家，跟在她後面，她走到哪我跟到哪；每晚陪她到睡覺，我才上床；一沒看到她，我就會很焦慮。」沈燕說，那時隱約就有個想法，覺得女人不可以沒有工作、沒有自己的生活圈，「一個女人如果完全仰賴男人，沒有自己的興趣跟生活重心，等於慢性自殺。」

沈燕的媽媽從來不講自己的心事，苦都放在心裡藏著；後來洗腎狀況一直不好，變得很沒有活力，也疏於打理外表了。沈燕說：「以前，她會打扮得乾乾淨淨，很端莊。我爸爸還曾經很心疼的跟我說：媽媽生病後，都不裝扮了。爸爸出門，還是會牽著媽媽，他不是不愛她、不依賴她，只是久了，像家人，逐漸不在乎。」

那一年清明，全家人都忙，沈燕的媽媽獨自上山掃墓，早上大太陽，下午氣溫就變了，她受了點風寒，回家後，身體就非常不舒服。到晚上，喉嚨痰很多，但是她不敢叫醒先生，自己坐著睡覺。隔著薄薄的牆，沈燕睡在隔壁房間，突然聽到媽媽喊了父親的名字後，講了一句：「我要死了。」她心想開什麼玩笑，趕緊下床跑去看媽媽到底怎麼了？這時，沈燕的爸爸已經起來幫太太按摩，夫妻倆又在鬥嘴。沈燕想叫救護車，但是媽媽不想麻煩人，而且天快亮了，她要去醫院洗腎，所以阻止沈燕叫救護車。然而沒多久，沈燕的媽媽喉嚨又被痰卡住，這次沈燕跟爸爸完全來不及反應，她就斷氣走了。

死亡發生在平凡無奇的一瞬間，沈燕不敢置信，前幾個小時還跟她說話的母親，如今竟已跟她天人永隔，而世間一切如常。沈燕錐心刺痛，但是要忙媽媽的後事，爸爸也需要照顧，她無暇顧及自己的傷痛。她說：「媽媽走後，我一直想她到底到哪了？想到她生前對我說的話，第一個念頭就是不要怪爸爸，活的人最苦了。」沈燕的父親很需要人陪伴，但他外面的女人對他又非真心，沈燕跟哥哥、姊姊心裡很明白父親應該會再娶，兄妹在靈堂前告知媽媽想法後，就在靈堂外跟父親說，他們同意他再娶。

對父親又氣又愛

辦完母親的告別式，大家都回去工作，過各自的生活了，家裡只剩沈燕跟爸爸。失去母親的疼痛好像在沈燕心裡鑿了一個大洞。在許多無盡難熬的夜裡，她因為想念母親痛哭，但是又不敢哭出聲，怕睡在隔壁的爸爸聽到難過。沈燕的爸爸跟她說，睹物思人，他沒有辦法整理她媽媽的衣服，他會傷心。兄弟跟姊姊也不可能整理，沈燕就安慰父親說，那就讓她來整理。沈燕說：「可是他們忘了，我也會傷心。」

說到這裡，沈燕腦中浮現每次跟母親去水仙宮市場買完菜後，就會走到台語稱作三巷街的老街買衣服的情景。沈燕說，那時的媽媽好開心，「她是老闆娘，氣質優雅，大家都以為她買的是舶來品。每次回家，她最喜歡叫爸爸跟我們猜那件衣服多少錢？每次我們都猜貴了，她會很高興的說，這件衣服才多少錢。」沈燕說，母親過世後，她才發現自己不太知道母親有什麼喜好。像她一直以為媽媽不吃辣，母親過世後有次去阿姨家，阿姨才提到，媽媽很喜歡吃辣，沈燕這時才恍然大悟，原來是因為爸爸不吃辣，媽媽也不吃辣了。

沈燕對父親一直有著很矛盾複雜的情緒，一方面很氣他，因為她看到媽媽吃過兩次藥，沒辦法接受父親傷害母親；但是另一方面，她又覺得自己似乎可以體會父親為什麼外遇。

她常聽父親提起窮苦的童年，爺爺不在阿嬤身邊，阿嬤要照顧這麼多孩子，又沒有錢、沒有田，只能很辛苦的在溪邊耕作。每天晚上，沈燕爸爸都要到溪邊去接奶奶，夜裡一片漆黑，野地強風吹得樹影幢幢，一個孩子走在鄉間小路，非常害怕，但是為了去接母親回家，他必須忍耐。沈燕說：「所以我爸非常怕黑。他後來出去做學徒，也很苦，但是他就是一肩挑起家裡的重擔。他一直很孝順，照顧這整個家族。在他身上都是責任，我知道他沒有玩過。」乖孩子最傷，沈燕的父親不曾叛逆，追求自己的需求與想望，到中年，情感有種說不上的空虛，事業穩定後，開始在性上面探索、釋放自己，那不是道德能約制的，卻深深地傷害了妻子。

失去愛妻，沈燕的父親頓失依靠，他不知道如何填補那種失落，只好更加投入去競選公會理事長，而且很快的就走入了新的婚姻，但卻娶了兒女們最無法接受的店員為妻。沈燕父親當時堅持，要娶就要娶個在室女，比較單純。女店員四十多歲，不曾結過婚，在沈燕家工作很多年了。但是，依沈燕兄弟姊妹對她的了解，她並沒有父親想的那麼單純，也不愛他們的父親，只想要父親的錢，她不會照顧爸爸。但這是父親的選擇，他們只能尊重。

以前沈燕有什麼話，都跟媽媽說，媽媽走後，她跟爸爸一起生活，但是從小她就比較不會順著權威的規定，不認同的事，她就會提出不同意見，因而跟父親溝通有點困難。她有點不知道怎麼親近父親，兩人幾乎沒什麼話可聊。每天父親只要求她回家準時吃飯，不要造成煮飯阿桑的麻煩，所以父女相處的時間很少。沈燕沒有伴可以講話，內心很苦。父親很快再婚了，中間夾個繼母，父女間互動更少。「我曾覺得要撐著這個家，我知道繼母對我爸不好，也不是真心接納我們，但是我爸不要我介入他們的感情，所以我跟我爸有點賭氣。」

現在說到繼母，沈燕的憤怒少很多了，但是仍看得出她小心的克制著情緒。沈燕父親顧店一整天，晚上最想要的就是新婚妻子陪他出去走走，或是看電影，但是新婚妻子沒有興趣，她撒嬌希望能出國，沈燕的父親拗不過她，順著她的意帶著她到北歐、南歐等世界各地玩。沈燕可會為媽媽感到不平？沈燕說：「我爸曾帶我媽媽去歐洲，而且玩得很開心，我爸媽有愛，跟她用心機要來的物質是不一樣的。」沈燕覺得，作爲老闆娘跟一個妻子，繼母的層次跟水平完全不能跟媽媽相比。

沈燕的兄姊跟弟弟怕影響父親跟繼母的關係，加上各自有家庭跟學業要忙，後來跟爸爸關係都有點疏離，沈燕一個人面對那個已經破碎的家，很不好受。

沈燕破碎的心，逐漸轉向宗教尋求寬慰。其實從高中看到父母的裂痕之後，沈燕就開始接觸佛法，但是那時覺得修行是以後才需要做的事，直到母親走了，籠罩在濃重的無常感裡，她開始對學佛認真。那時，她跟哥哥、姊姊、弟弟相約，每晚為母親唸《阿彌佛陀經》、《金剛經》、《地藏經》跟《藥師經》一年，祝福母親離苦得樂，往生淨土。沈燕也開始吃素。沈燕說：「我媽在死亡時，留下一滴眼淚，死亡是傷心的。我第一次感受到親人死亡，不忍心再吃肉，因為同類要死時，一定很悲傷。」

沈燕父親身邊那些朋友，也給他這樣的想法。

“「我爸認為：我給你錢，我又不是不顧家，我有回來表示我顧家，但是你就必須接受我在外面還有一個。不接受好像就不識大體。」”

尋覓自己的情感依託

那時的沈燕走在路上，經常感覺旁人像電影鏡頭般的從她身邊模糊閃過，對這些被情拉著的男男女女，她既陌生無感，又害怕自己跟人群隔絕，很想跟人接觸。她很寂寞。在朋友阿慧的介紹下，她開始上網到聊天室找人聊天，考慮安全跟互動的人比較單純，她找了比較健康的銀髮族聊天室，裡面老少都有，她和阿瑋就是那時認識的。「聊著聊著，我竟然開始對他有感覺。有次他說可能會跟著農耕隊去國外，來跟大家道別，我很難過。我們都知道彼此差好幾歲，我也覺得兩人不可能，可是後來，他說他喜歡我，他也了解我喜歡他。」阿瑋分擔了沈燕的哀慟，讓沈燕感覺不再孤苦無依。

兩人第一次見面，是九二一地震後。阿瑋家住南投，住家樓梯在大地震後全部斷裂，多虧一把手電筒，讓阿瑋安全的牽著爸媽的手避開斷裂的樓梯逃出。「他們家房子全倒了，房子得重蓋，他們住在外面。我一開始可能對他有一點點同情。」地震後，阿瑋的生活都變了，什麼都得重新來，他到公家機關從事一年一聘的工作，到處找土地要把家蓋回來，沈燕很心疼他受的創傷，常常從台南搭車到南投去看他。「他從小看爸爸比較自私顧自己，對媽媽不好，他很心疼媽媽這麼辛苦養大他跟兩個姊姊。但是，他是老么，也有一點依賴，或許也有一點戀母，才會找一個年紀比較大的女友，姊姊比較關心照顧嘛。當初我吸引他，就是我體貼，他有被照顧的感覺。但是姊姊當久了，也希望有人關心照顧。」沈燕分析當年跟阿瑋會談這一段姊弟戀的心態。

沈燕原本想在那一年過年，把阿瑋介紹給爸爸認識，但是，沈燕的父親卻突然心臟病發作，送到醫院就過世了。沈燕不敢置信，父親跟繼母結婚才三年，怎麼會這樣？沈燕說：「我跟我姊為了收拾我爸的遺物，在我爸婚後，首次獲得繼母的首肯，進入他房裡。當我姊姊看到髒亂的房間，忍不住悲從中來說：以前媽媽都收得好好乾淨。我們那時才理解，爸爸生前，為什麼每天不間斷地給我媽媽上香，我爸爸很想念她，他很寂寞，但是他不敢跟我們說。」在父親死後，沈燕和手足才明白，看似有錢，處於優勢社會地位的父親，竟是如此的孤寂。

沈燕希望阿瑋來參加父親的告別式，她想跟父親說，她有個要好的男朋友了。以前沈燕的爸爸總是擔心沈燕嫁不出去，要幫沈燕相親，沈燕每次都陽奉陰違，草草去跟對方見個面應付父親，配對自然不曾成功過。現在她有了阿瑋，她想讓父親放心。但是，阿瑋剛開始卻不願意來，在她最需要阿瑋的時候，阿瑋退縮了，沈燕非常失望。

父親還在時，沈燕的生活還是安穩的，父親一走，她成了徹徹底底的孤兒。面對這麼重大的人生轉折，沈燕的情緒變得非常不穩定，落入無止盡的悲傷、孤寂跟憂鬱。她一直以為是阿瑋的關係，她跟阿瑋遠距離戀愛，無法常常見面，她很想念他。但是一見面，她又跟阿瑋吵架，抱怨他不夠關心她。沈燕說：「後來我去找心理師，才發現我一直以為是愛情問題，其實是我原生家庭的問題。我很愛我爸爸，但是我又氣他那樣對我媽媽，我一直沒有跟我父親和解。」

從父親決定再婚時，沈燕內心深處就一直無法原諒爸爸，因為她不曾聽到他對媽媽道歉；可是當父親後來開口說出對不起媽媽時，沈燕又怪自己到底為什麼要父親講出這些話？孤單的沈燕越來越依賴阿瑋，擔心跟阿瑋分隔兩地久了，兩人感情會疲乏，她要求阿瑋至少一個月要見一次面。剛開始，兩人都不方便到對方家，就住外面。之後，沈燕開始到阿瑋南投家，阿瑋的爸媽跟姊姊接納她，對她很客氣，但是阿瑋卻有意無意的擋著，好像不想讓沈燕跟他們太親近。

設下底線，學著提分手

「我那時的想法是想趕快定下來，我到底是要留在台南，還是南投？我不想要那種不確定的狀態，我想要有新生活。」

但是當時的沈燕對阿瑋來說，卻是個負擔。

沈燕跟阿瑋就這樣拖著好幾年。「對於兩人要長久在一起，阿瑋給我的感覺是，他沒有誠意，不敢給承諾，可能是他不敢結婚，沒有擔當吧。可是他都不談，一直閃躲，我要怎麼幫他？我要分手，他又不要。我非常痛苦。」沈燕決定先搞定好自己再說。她收養了沈小咪，買了房子，也開始加入宗教團體，結識了一些同修，很認真的研讀《菩提道次第廣論》，並在生活中實踐。

沈燕覺得，既然阿瑋沒有辦法體會她的心情，她要保護自己。「男女一開始交往，當然什麼都說沒關係，也會說，沒有很喜歡小孩，不生小孩沒關係。但是，我怎麼知道以後會怎麼樣？他是獨子，我怎麼知道未來他不會隨便拿一個理由，像『你年紀大了，不能生，我父母不同意』來要求分手？我也會有不安全感。」沈燕覺得，人年輕時，比較單純，浪漫小說跟電影看多了，就覺得要付出；可是那時她快四十歲了，「我害怕以後可能會更傷心，那我能承受得住嗎？」

沈燕設下底線，盡量讓自己的心情不再這麼受阿瑋影響。「我把自己弄好之後，他不開口分手，我開口！我逐漸學到，不要用別人的認同跟陪伴來確認自己的價值，可是走到這邊，要經歷蠻苦的過程才能覺悟，或是要有人提醒。我很感謝我哥哥跟弟弟，一直很照顧我，在旁點醒我。」

後來面對繼母，沈燕也想通了。父親過世後，沈燕其實曾試著跟繼母和解，但是沈燕繼母只關心財產分配，「我爸在醫院往生後，我們走回家，我第一次叫她阿姨，因為我知道我爸希望我跟她和好，我也想讓她放心，我們兄妹會照顧她。可是後來我發現，她根本沒打算理我，那我可以放心不用理她了。」要穿過這些情緒的迷霧對沈燕並不容易，有時她才覺得好一些，接著又湧上排山倒海的破壞性情緒。她像剝洋蔥一樣，一層層剝開觸動情緒背後的東西，看見自己跟原生家庭的複雜糾葛，她才了解，只有從原生家庭保護者的角色當中退下，她的人生才有辦法開始。

沈燕跟阿瑋提出分手後，阿瑋還是會來找沈燕，沈燕對這段感情卻越來越淡然，兩人分分合合持續了幾年，直到沈燕姊姊過世，沈燕終於覺悟，她不想再複製父母、姊姊姊夫這樣的關係，她徹底結束跟阿瑋的關係。

“後來我去找心理師，才發現我一直以為是愛情問題，
其實是我原生家庭的問題。我很愛我爸爸，
但是我又氣他那樣對我媽媽，我一直沒有跟我父親和解。”

旁觀姊姊婚姻之苦

從戀愛到結婚，姊姊像在沈燕身旁上演了一齣公主王子的愛情故事。沈燕的姊姊溫柔，氣質好，又乖，從小就擁有美貌，成長過程幾乎沒受過甚麼挫折。先生是她大學同學，外向活潑，帥氣又有個性，兩人很談得來，感情很好。兩人交往了幾年，結婚時，沈燕父親送他們一間台北市的房子，婚宴中男俊女美，很多人羨慕的給予祝福。只是沒想到婚後，沈燕姊姊的生命開始轉變。

沈燕姊姊跟姊夫婚前就有一些問題。一個姑姑投資房地產嚐到了甜頭，好意的勸說沈燕姊姊，這樣上班賺錢要賺到何時，建議沈燕姊姊去投資新市鎮的房子，沒想到正好遇到台灣股市跟房價大跌。那時沈燕的姊姊還沒結婚，但是婚後，夫妻兩人就得一起承擔這個問題。他們後來拿父親給的房子去貸款，來支付新市鎮房子的貸款，但是新市鎮的房價一路探底，最後只能認賠殺出。

背負債務的壓力跟工作的艱辛影響了沈燕姊姊夫妻的感情，沈燕姊姊的身體也因此大受影響。沈燕姊姊懷第一胎兒子期間，得了尿毒症，需要洗腎。沈燕的姊姊頻繁進出醫院，也不知道在何時感染了C肝。C肝病毒導致肝臟反覆發炎多年，三十八歲那年，沈燕姊姊診斷罹患了肝癌。就在這個時間點，沈燕姐夫的女性好友張小姐開始介入他們的婚姻。

張小姐一頭中長捲髮，身材纖瘦豔麗，個性豪爽開放，也有自己的家庭。兩個家庭感情不錯，經常一起出去玩。張小姐跟沈燕姊夫是同事，兩人個性都很外向，兩家出遊，經常都是兩個下去玩，而張小姐先生跟沈燕姊姊在旁邊看顧小孩。

因為要洗腎，沈燕姊姊出外旅行頂多只能去四天，沈燕姊夫卻是安排五天的行程。沈燕姊姊答應他去，心裡又不舒服，因為有一天先生要跟張小姐同行。隔年又是如此。沈燕的姊姊難過，但是她的個性跟媽媽一樣溫和、不爭，加上大家都是好朋友，她不能質疑什麼，苦都往心裡吞。

當她去洗腎時，張小姐就經常會帶著孩子跑到她家，後來還造成新管理員誤以為張小姐才是女主人。「有次，我姊下來領包裹，新管理員竟然懷疑，我姊是女主人嗎？那個誤解也讓我姊很傷心。」沈燕的姊姊覺得，自從自己生病後，先生就不太靠近她，讓她非常自卑。尤其看到張小姐每次來他家，先生跟她每次在陽台外一起抽菸，都靠很近，讓她很妒忌。「也許他們只是好朋友，但是我姊夫沒有顧慮到太太的感受，就跟我爸爸一樣。我姊就默默承受。我姊跟我媽都有一個共同點：他們沒有自己的生活圈，她的重心就是這個家，這個男人。她也沒有自己的興趣，比如她跟我姊夫看電視，連遙控器都在我姊夫手上。」

對於姊夫跟張小姐的關係，沈燕一直不願意說那是外遇，只說，兩人關係很詭異，「我看我姊也是把愛情看太重，太危險，人都是會變的。」沈燕覺得，在這段婚姻，女人苦，男人也苦，所以有時她會站在姊夫的角度去想，為什麼姊夫會這樣？「我姊曾跟我說，我姊夫跟那個女的說話都這麼靠近，卻不會靠近她，讓她心裡很苦。我姊洗腎後，因為不適合生育，曾拿過一個孩子，我會想，我姊夫有沒有可能因為經過那件事，之後不敢碰我姊姊？他心裡應該也有些愧疚。」

沈燕姊姊最後兩年，都靠寫日記紓解傷痛。沈燕姊姊將所有情思都寫在她那本日記裡，最後她平靜的走了。沈燕說：「疾病末期，我姊從很苦、呆滯，到平靜面對。她走的那一天，我看她在醫院從很喘，到慢慢斷氣，突然在心裡問她：『你就真的這樣走了喔？』」我突然醒悟過來，覺得自己要好好活著，不要跟她一樣。」

「那本日記在我姊夫那，如果他看了應該會很傷心吧。我姊有寫遺書，都放在盒子裡，她走後，我去找，沒有給我的，只有給我姊夫跟她兒子的。還有一封給大家的，叮囑她的後事，以我姊夫說的為主，因為她看到之前我爺爺往生時，叔叔們意見不同，造成我們家的為難，她不想讓我姊夫為難，那是她最愛的男人。」

從父母跟姊姊的經驗，沈燕極為痛恨對婚姻跟愛情不忠實的人，但是對姊夫，沈燕和手足也沒有再多說什麼。沈燕說：「對他跟對我爸爸，我們都沒有怎麼樣，因為他們已經很傷心了。當然我們也傷心，但我們不能因為自己傷心就去責怪他們，活著的人還是要活下去。」

對沈燕來說，失去姊姊比失去父母讓她更傷心，因為兩姊妹互相陪伴的時間很長，沈燕很心疼姊姊才四十三歲就過世。以前她有心事跟媽媽說，媽媽不在之後，跟姊姊說，如今姊姊也不在了，她能跟誰說？堅強的挺過姊姊的告別式之後，她整個人垮下來，大病了一場。

「姊姊不在了，我開始跟自己對話。」沈燕說，有家庭或伴侶的人，如果有什麼事情，可以跟他們分享，他們即使不能幫你解決，起碼能幫忙轉化一點心境，可是她一個人生活，不管碰到什麼事情，都得自己消化。「撞牆了，就會去找路。」沈燕逐漸有些領悟，「以前我媽對我爸全心包容，我姊對我姊夫也是全心包容，兩個男人在他們另一半過世後，也是很難過，可是那又怎樣？如果我還看不懂怎麼回事，我就太對不起我媽跟我姊了。我決定不強求婚姻，想做什麼就去做。我還想幫我姊去玩，她後來十幾年都在生病，很多地方不能去，我要代她到各地看看。」

母親走後，沈燕也曾過著一段禁絕物質或精神慾望的生活，她不再聽愛聽的古典音樂，也不再是個對食物好奇的美食主義者，總覺得，母親都不在了，怎麼能再享受這些？加上信仰，覺得執著於世間的情愛慾望都是苦，她過得像個出家人一樣，只差沒有剃度而已。但是她畢竟是個很好奇、感受很強的人，她經常在臉書窺探著親友的生活，比如誰又貼出她的毛孩子，感受到對方那種疼惜快樂的心情，她就會想，如果有天毛孩子不在了，對方受得了嗎？或者誰的事業很有成就，婚姻子女也不錯，自己會羨慕她嗎？

珍惜單身，喜悅感受活著的當下

沈燕感覺自己好像帶著媽媽跟姊姊活著，像到了更年期時，身體出現一些不適症狀，她心裡就想：自己要活得夠老，才會碰到，姊姊四十三歲就走，還沒有機會碰到哩。「我就是在感覺，這個『老』是什麼樣子？也不是說我看多開，而是提醒自己，要怎麼照顧自己？像我生病有個ＳＯＰ，標準準備應對流程，每次生病就要休息一個禮拜，我哥哥嫂嫂住附近，會送吃的來。第一天我先睡，然後有力氣就去看病。我會準備一鍋稀飯和蘋果汁，就像我以前生病咳到不能睡，我媽會幫我準備一鍋粥跟肉鬆，我醒來吃一碗繼續睡；吃不下就喝蘋果汁，關起來休息幾天，就好了。盡量不要麻煩人家。」

「依靠還是要的，只是抓在手裡的程度不同：是要攀著才能過活，還是只是靠著。」沈燕說，道場有一些單身師姐，不管單身是為了家人，還是沒有遇到合適對象，都會彼此互相照應。像一個師姐扭傷了，就搬到另外一個師姐家住。那天，一個師姐退休，沈燕跟她一起吃飯，飯後，師姐到沈燕家看看，也要沈燕到她家看看。她叮囑沈燕：有事打電話給她，她隨時過來。

每隔一段時間，一群師姐會一起約出去玩，能夠彼此陪伴出遊，大家都好開心。沈燕說：「我們雖然單身，也需要出去玩啊。有個師姐過去都待在家照顧父母，幾乎沒有出來玩過，那天她跟我們出來玩，光是看到春花盛開，她就興奮得不得了，你會感染那種快樂。」

幾天的法會結束後，一群師兄師姐一起上山喝茶，當沈燕喝到第一口台灣老茶，感覺感官好像甦醒了，她打從心裡讚嘆真的好好喝。沈燕喜悅的感受著活著的這一刻。沈燕說：「我有時還是會感到悲傷，情緒起伏，但是我逐漸接受這些真實的感受，不要用佛法理論來蓋住這些情緒。現在對人生，我比較有目標，我相信輪迴，無限生命，所以我努力的方向就是希望下一世更好，那我這一世就得好好活著。」

姊姊曾告訴沈燕，她去看過桐花，在樹下喊一聲，桐花會飛下來。姊姊過世後，沈燕第一次來到彰化看油桐花。春日裡，小鎮幽靜，白色的油桐花正盛開著，看著桐花從枝椏間落下，如雪花般灑落，沈燕很驚喜，真的太美了，她非常感動。她感覺自己好像帶著媽媽跟姊姊走過像鋪著雪一樣的花徑，媽媽跟姊姊也不希望她一直活在悲傷中，她告訴自己：「至少要讓自己快樂。」

原來，所有的死亡跟凋萎，都為了化作春泥護花。這是遠行的親人對未亡人最大的祝福。曾經，沈燕孤單傷痛，心隨著親人死了，只剩軀殼，但是當她穿越這麼多死亡悲傷，看到原生家庭的限制，她反思深省，找到重新活下來的意義。生命，依然很美。

「姊姊不在了，我開始跟自己對話。」沈燕說，有家庭或伴侶的人，如果有什麼事情，他們即使不能幫你解決，起碼能幫忙轉化一點心境，可是她一個人生活，不管碰到什麼事情，都得自己消化。「撞牆了，就會去找路。」

作者手札

沈燕父親那一代人似乎認為，既然錢是男人辛苦賺的，男人外遇很合理，連家裡幫傭的阿姨都這樣幫沈燕父親說話。沈燕的媽媽跟姊姊因此也不太敢對先生外遇表達意見。沈燕後來明白，這種夫妻關係根本無法讓人幸福。認識沈燕多年，我看到信仰正念對她的改變，那是一種回到自己、觀照著自己每個念頭的修行方式，當心境逐漸澄澈，就清楚自己要什麼。

5

走出母親無法邁步的覺醒之路

前言

余莉（四十七歲）

余莉看起來事業成功、獨立堅強、有主見，但她也曾是，一碰上愛情就丟失自我的女人。

幾乎每一段感情，她都很害怕被拒絕，跟男人總是難分難捨。直到最近一段結束的戀情才調整過來。

從小就是好女孩的余莉不曾叛逆，她的青春期來得非常晚，直到三十九歲離婚，她才有機會去檢視父母及身邊權威人物對她的影響，她踏上了了解自己、發展自我的過程後，才開始綻放自己。

直率有控制欲，又常自我反省

凌晨十二點多，余莉跟朋友聚完會開車回家，一到家，她就先打開電腦，幫同事修改企劃案，她希望同事一早起來就能看到她修完的企劃，她改完寄出去，已經半夜三點多了。

余莉今年四十七歲，離婚八年了，目前單身，沒有男朋友，在一家名牌精品公司擔任主管，除了去上一些心靈成長的課程以外，工作占去她大半時間。她有點控制欲，有時覺得同事做的企劃書不夠完整，會花很多時間幫忙改寫；甚至經常親自出馬去跟客戶溝通，只求能達到她想要的結果。但是，有時她衝過頭，犯了些錯，當下屬挑戰她時，她也會低頭認錯。她對於事業很有企圖心，也對自己的專業能力很有自信。

「中年以後，我開始思考獨立的問題，在這個時代，到底一個獨立、不依靠男人的女人樣貌可能會是怎麼樣的？對我來說，獨立已經不光是不靠男人，自己可以養活自己而已，這是最低層次的獨立。我們這一代因為有份不錯的工作，可能二十幾、三十歲就做到了，也不用靠爸媽。」留了一頭中長短髮的余莉，長相清秀，身材窈窕修長，說起話來，又急又直率，但是經常話剛說完，就開始自我反省，「我是有作弊啦，我現在住的房子是我媽的房子，所以搞不好我還是靠爸靠媽。」不過，對於現在不需要男人這件事，余莉倒是很篤定，「我現在沒有男朋友，也沒有砲友，此刻我沒有遇上，代表我真的可以不需要。我現在對自我探索超感興趣的，幾個月前，我還去學催眠。」

如今獨立自主，曾為愛失去自我

余莉有雙清亮迷人的雙眼，即使快五十歲，仍然很美。離婚後，余莉又談過兩段感情。她鬆口氣說，她最後一個男友，她稱他為歐洲先生，是離婚後去瑞士進修時認識的，她很感謝這次終於能夠完全不必糾纏，好好的跟他說再見。情海浮沉十多年，余莉很高興自己進步了。「我感覺老天爺讓我現階段單身，就是要我學著成為完整的自己，夠強壯去面對以後的事。」

她現在看起來是如此獨立自主，很難想像，過去並不是如此。余莉說：「我一談戀愛就很依賴感情，會想要牢牢抓住對方，其實還蠻失去自我的。」曾經，余莉身邊不能沒有男人，面對每一段感情，她幾乎都難分難捨。她二十三歲第一次談戀愛，對男友極為迷戀，即使跟初戀男友分手，她仍捨不得放下，又跟他糾纏了六年。

余莉三十二歲跟前夫結婚，婚姻維繫六年，她整天疑神疑鬼，擔心著對方是不是又跟哪個女人在搞曖昧。余莉說：「在婚姻中，我是個控制狂跟妒忌狂，很沒有安全感，會去查看我前夫的手機。當我發現他又跟哪個女同事互有好感，我會不斷追問他們之間的細節。我們的婚姻真的有些問題，搞得我也很痛苦。」余莉也不知道自己為什麼對感情這麼沒有安全感，很怕被拋棄，「就像我初戀男友當年跟我說，他跟前面幾個女友的事，我很生氣我竟然不是他的最愛，很荒謬吧。」

離婚後，她感覺自己必須找到問題出在哪，「同樣的問題如果在一段關係裡沒有練習去深度溝通，獲得解決，下一段關係也會重複發生，不管換N個男人，都一樣。所以我時不時都在反省，到底我為什麼會這樣？」余莉說，中年回顧自己的過去，醒悟很深，她覺得，人如此深受原生家庭的影響，明知不想要像父母那樣，卻又不小心走上跟父母一樣的道路。

看似光鮮亮麗的余莉，其實從小總是看著父母不斷爭吵，致使她在愛情關係中缺乏安全感，她企盼伴侶能照顧、指導她；不管是想像，還是實際情況，她總是抓狂式的努力不讓自己被遺棄。即使感情或婚姻需求沒有被滿足，她都緊抓住對方不放。追根究柢，或許是因為，余莉是個被母親虐待、情感跟需求被嚴重忽略的孩子。

與母親相互依賴，又總被控制

說起母親，余莉眼神閃現一絲痛苦。她說，自己從小就渴望母愛，但是，母親並不愛她，只把她當成是自己的延伸，凡事，她都要余莉照著她的想法走。

表面上，余莉有個很體面的家庭，父母都是高階公務員，從小就教余莉要獨立自主，余莉說：「我的父母親是那種超級權威的人，我媽還是女強人，她賺的錢比我爸還多。但是他們那一代的獨立，頂多想到的就是台灣的獨立，而且就是最表面那一層，但是他們想不到，獨立最重要的就是去父權。我爸媽就像反小英的那幾個老人。」余莉從小服膺著爸媽的價值觀，直到走過很多創傷後，她才了解，真正的獨立跟安全感是來自內心，但是這個過程對她來說，真的很艱難。

余莉的爸媽如今快八十歲了，仍然每天吵吵鬧鬧。吵了大半輩子的兩人，當年是大學同學、彼此的初戀，但是婚後，感情很不好。余莉是老二，有哥哥跟妹妹，哥哥個性軟弱，所以從小她就像大姊一樣，扮演老大的角色，並且照顧妹妹，只要家裡有客人來，她會立刻站出來，手腳很快的招呼客人。「那時候，我很害怕父母不高興，很會取悅父母，表現得特別成熟。」余莉也不明白到底為什麼，媽媽凡事都要支配她，而且經常打她，刻薄的辱罵她。「我爸打我，我知道他還懷抱著愛，但是我媽打我，就像要把我打死一樣。」

父母一次吵架之後，余莉終於明白父母關係為何如此惡劣？那次，父親衝口說出一句令她不敢置信的話，「要不是我強暴你媽，你們三個小孩不會生出來。」原來父母的性生活一直不和，每當夜晚來臨，余莉的媽媽就很痛苦。余莉說：「我媽媽是個幾乎沒有性慾的人，或者她根本不知道什麼是性，她想過無性生活。」

余莉媽媽很有能力，卻無奈一輩子受盡父權文化的壓抑。她出身藍領家庭，從小很會讀書，她兩個弟弟都不像她這麼會讀書，但是父母重男輕女，總是罵，「豬嘸肥，肥到狗去。」她很努力突破限制，唸完大學，找到了一份好工作，不用靠男人養活自己。但是嫁給余莉的爸爸後，她就經常遭受婆婆口出惡言羞辱，婆婆罵的大都是跟性有關，妒忌她利用性把她兒子搶走。余莉的母親隱忍一切，後來懷第一胎生個男的，稍稍解除了壓力，所以她極為寵愛兒子，余莉說：「我媽唯一愛的就是我哥哥吧。」

受暴的母親，也暴力對待女兒

余莉的媽媽在那年代算是高級知識份子，但是那一代人的價值觀又非常傳統，婚姻這麼痛苦，她也不肯離婚，「那一代因為社會規範去結婚，我媽覺得該做（做愛），又該被做，因為要生小孩，所以她是受暴婦女。這種社會倫理觀真的會害死人，不能試婚，也不能離婚，離婚丟死人。」余莉說，當她媽媽知道她離婚，第一個反應卻是，「不要跟你哥哥說，怕他學壞。」所以離婚時，余莉孤立無援，她說，幸好自己朋友多，還有些社會支持。

而余莉的父親在性得不到滿足、百般壓抑的狀況下，就有所報復，余莉哥哥因此經常成為父親發洩的對象，「我哥被我爸揍得特別嚴重，也是要把他打死那一種，可能是來自我媽比較疼我哥吧。很多神話故事都是這樣：爸爸跟女兒談戀愛，媽媽妒忌；母親跟兒子談戀愛，父親妒忌，我們家其實蠻典型是這樣。我媽跟我也有一種競爭關係。」

余莉的母親被迫忍受這個婚姻，受壓抑的她只能把未竟的願望寄託在兒女身上，因此她對女兒施壓，要求女兒的行為和對外的因應方式要完全照她的方式。余莉母親看重形象，既然女兒是她的延伸，她對她自然是嚴苛、挑剔、極盡控制，余莉因而相信，唯有成為好女孩，才能為人所接納。身邊朋友、同事跟余莉相處，會發現余莉有諸多好女孩行為，隨處可見母親對她的影響，她教養很好，對人有禮親切，在公司不管同事怎麼批評、挑戰她，她都不會動怒，ＥＱ極高。

余莉的媽媽有種聖女貞德情結，從小，她就教余莉要守貞，不能有婚前性行為。其實余莉性意識很早就萌芽，但是她乖乖奉行著母親的話，不碰男女關係。母親後來將這種情結用一種很古怪的方式投射到余莉身上：她似乎覺得余莉長得漂亮，可能比較容易被男人欺負或強暴，所以當余莉年滿二十歲，她還把余莉漂亮的洋裝都拿去丟掉；也成天懷疑余莉偷交男朋友。

為了找到心中屬意的女婿，余莉的媽媽還曾親自幫女兒挑相親對象。余莉自嘲自己每一次都乖乖去，每一場都展現超稱職的公關能力。第一個相親對象是台大醫學系畢業生，余莉因為一直問他問題，對方嫌他太愛問問題，沒有第二次。最夢幻的相親是一個住在加州的華裔美國人，第一次相親就把跑車鑰匙交給余莉，只要余莉跟她在一起，余莉說：「我太驚奇了，所以放棄了。我媽媽非常生氣。」余莉像說笑話般說起這些相親經驗。唯一一個再見過第二次面的相親對象，是個台清交博士生，他有陰陽眼，余莉因而對他極感興趣，「我主動跟他約了第二次，我們坐車經過辛亥隧道，我一直問他有沒有看到什麼？」事隔二十多年，那男生到底有沒有看到鬼，她也忘了，但是她始終記得父母那時對她就像是山一樣的存在，她不曾質疑他們。「我是超乖的小孩，一直到三十九歲離婚那一年，才開始成為青少年，開始叛逆。」

離婚後，余莉逐漸明白自己為什麼這麼有控制欲，「我媽媽控制我，我控制我的男友、前夫，也控制我自己。」她也隱約察覺到那些不時就出現的不安全感是來自何處，她說：「別的父母會關心孩子的心情，生活，會呼呼（安慰），但我爸媽沒有這個層次的東西，他們就是關注經濟跟階級爬升。」

> 父母一次吵架之後，余莉終於明白父母關係為何如此惡劣？那次，父親衝口說出一句令她不敢置信的話，「要不是我強暴你媽，你們三個小孩不會生出來。」

離家遠赴美國，啟蒙才開始

父母能給余莉的，就是很好的資源跟教育。二十三歲，余莉大學畢業，離家到美國唸書，開始人生第一次的戀愛。「還好我第一次遇到一個好男人，他大我十歲，交過好幾個女朋友。他知道我是處女，還沒準備好，所以整整跟我磨蹭了一年半，直到我說好，我才第一次有性生活。為了插入這件事，他做了多少準備，我根本萬中選一吧。」

余莉覺得自己這麼晚才接觸性，還能得到男人的引導，跟很多同輩女性比，算是很幸運。她想起大三遇到一個高中同學，跟她哭訴遭到約會強暴，因為她第一次跟男友發生性關係是被迫的，她覺得被傷害，感到很屈辱。「這是很多女性共同的經驗，對性懵懵懂懂，女孩又被動，對方又很想要，女孩又愛對方，在莫名其妙下，女孩就跟男朋友做了，她根本不了解性是什麼？」余莉跟一般五六年級世代的多數女性一樣，成長過程還是欠缺發展對性的自主意識，所以只能期待自己遇上一個好男人。

余莉不斷說著，初戀男友除了在性上面教導她，也如何在知識上打開了她的視野。他帶她認識美國，進入他所學的社會科學知識的世界，帶給余莉很多智識上的啟發。「他曾告訴我，任何戀愛都是社會的，之所以會成為異性戀，也是社會的，我還曾懷疑他是同性戀。可是後來，我的確看到一種文化的機制在影響著，讓女人變成某個樣子，很多女人真的不斷丟掉一些東西——像自我，就為了男人的愛情。」

余莉說的，其實是自己。當初她為了挽留初戀男友的愛情，也丟掉不少自我。在美國拿到碩士學位後，余莉立刻就面臨留下來找工作或回台灣的問題，她跟男友的關係如果要繼續，她就得留下找工作、關係就得改變，但是初戀男友並不想結婚，這也是他跟前面幾個女友分手的原因。余莉說，「我很迷戀他，我想抓住他，我依依不捨。我控制得最厲害的地方展現在，他說要分手了，我說好，我知道我不能再過去了，但是行為上我做不到，我仍然不斷打電話給他。當年沒有LINE，長途電話非常的貴。」

余莉也開始做跟初戀男友一樣的事。對方正在攻讀博士，為了跟他平起平坐，她在台灣，也去考博士班；並且以申請博士班的理由，跟他請教各式各樣的問題；還把博士計畫書寄給他，請他幫忙改。「我知道他早就不愛我了，要跟我斷，但是我死不斷，跟他搞了六年。後來他回台灣，我有些資源，我繼續幫他、照顧他，我們又在一起一年，我充滿韌性。直到他跟我說，他真的不愛我了。我立刻把身邊一個對我很好的男生，提升上來當男友。」余莉說，她也知道那個男生是根浮木，可是很多女人不都這樣嗎？失戀後立刻談戀愛，以度過失戀的空虛感，然後隨即就快閃，進入下一段穩定的關係，「所以浮木真的有效。」

當時，余莉滿口都是社會學理論跟女性主義的主張，但是她還沒有意識要拓展出一個自我實現、獨立的自我。余莉這麼喜歡跟初戀男人黏膩在一起，透過知識跟他親近，都只是想尋覓兒時渴望又欠缺的親密聯繫。

妒忌、占有與控制婚後更嚴重

三十九歲這一年，余莉跟前夫維持了六年的婚姻，終於走不下去了，兩人離婚，可是這樁婚姻從合到分，卻徹底的改變了余莉。「這段婚姻超幫助我的，我要是沒有結婚，沒有一個很大的省思跟轉折，我根本不會有後來突然醒過來跟蛻變的歷程。所以，這個婚姻過程跟後來的離婚對我都太重要了。整個歷程剛剛好，而且是必要的。」說起離婚，余莉超正向，很奇妙的一點都不悲情，感覺余莉鬆口氣，終於卸下了許多負擔。

或許是離婚多年了，很多事都想清楚了，但是當時在婚姻中的余莉，因為嚴重的占有欲跟控制欲，痛苦得不得了。

余莉跟前夫結婚時，就要求他不准說謊，說穿了，那是余莉想控制前夫的一種方式。余莉的前夫對女人很友善，女人緣很好，經常有女同事對他表示好感，讓余莉備感威脅。余莉跟前夫婚後一年，就幾乎過著無性生活，每次余莉想做，前夫都說，自己病了，生殖器會痛，沒有辦法，後來他也去開刀治療了，但是他跟余莉後來幾乎過著無性生活。

每當余莉發現，前夫又跟誰搞曖昧，她就開始追問細節。前夫怕她生氣，只好說謊，其實余莉也沒真正發現什麼證據，但是她直覺就是認為前夫跟別的女人做愛，卻不跟她做愛，她感覺不安，非常沒有安全感。余莉後來什麼也問不出來，最想知道的事，始終沒有答案，余莉很挫折，之後前夫有許多小出軌，她都不問了，也不溝通了，久而久之，夫妻間的信任感越來越薄。

余莉如此渴望愛情，愛情卻又讓她如此痛苦，對當時那個失去自我的她來說，她一直害怕被拒絕，醋勁跟占有欲讓她全神貫注在愛情上，生活因而失去準繩。像是，為什麼前夫「都」以他父母那個家為先？每次余莉說到這個「都」字，又讓夫妻倆吵翻天，前夫認為他沒有「都」以他家為先，他還是會照顧他們建立的家。

表面獨立，卻仍受傳統束縛

余莉夫家是很傳統的家庭，但是受過女性主義洗禮的余莉，並不想做傳統的媳婦，她自己賺錢養活自己，當時他們夫妻的錢是分開的。但是婚後，她就住進前夫家，公公傳統對待媳婦的方式，讓她嚴重水土不服。比如她感冒，她公公關心她，會說：你要好好照顧身體，你的身體是我們金家的。公公經常口出這些大男人的話，她很受不了，想搬出去住，但是余莉又很害怕跟這種權威的父執輩溝通，不敢明說，她只好跟前夫提議，兩人一起騙公公，說她工作經常要出差。余莉說：「這是驚世媳婦最厲害的版本。我用謊言換自由，因為我不想跟我公公住在一起，我不想跟這個家庭建立很深的關係。」

余莉的前夫也是一個讀書人，很理性地認為應該要尊重太太。但是他是家中獨子，父親這麼傳統權威，母親在世時，也一直是個很順從先生的溫馴小女人，從小在這樣的家庭長大，他從來沒有想過，婚後要跟太太搬出去住，最後也只好同意老婆要求，一起欺騙自己的父親。余莉剛開始每週回公公家一次，後來就說，自己都在台中上班，從此很少回去，公公也不曾懷疑過。

但是余莉對公公充滿愧疚感。她說：「身體上我不受我公公控制，我逃離做媳婦的範圍，不要去你家嘛，就不會被你罵、被你評斷；但事實上，我走在路上還是會擔心啊，擔心我如果遇到他咧……所以那六年很辛苦。從你開始騙了以後，你就會很辛苦。」怕謊言被拆穿，余莉過得提心吊膽。每次要見公公，余莉就心虛，覺得壓力很大，「我雖然是一個逃避的媳婦，但我還是有傳統束縛；或者說，我想要做自己，但是我又有一個媳婦身分的壓力。婚姻對女人最痛苦的地方在於，如果你老是被社會規範套著，你會拿社會規範那一把尺不斷鞭撻著自己，我那時候最大的痛苦就是這個。」

余莉的前夫心地善良，跟著老婆這樣欺騙父親，他也很痛苦。余莉說：「他卡在要服膺跟父母住在一起的價值觀，又要認同我不要跟公公住在一起，所以他很撕裂。其實只要講清楚，我們想搬出來就沒事了嘛，但我們解決的方式很糟，所以他對他爸爸也有罪惡感，這段婚姻走不下去是必然。我對他也有點愧疚。」說到這裡，有點感傷，余莉停頓了半晌，語氣變得溫柔，「他其實一開始算是愛我的吧，跟我一起騙。」

婚姻中充滿不信任，一遇到紛爭，就想逃避，後來余莉都不想溝通了，到後來，兩個都想離婚。離婚後，余莉才體悟到，她要求前夫不要說謊，其實只是想控制他；而他跟前夫一起欺騙公公，也是想控制，她希望事情都能照她想要的方式發展。余莉說：「如果不是這個婚姻，我不會意識到，我是個妒忌鬼跟控制狂。當自我反省到一個程度，我會想要控制自己不要控制他，那很痛苦耶，控制自己的控制狂，控制自己的控制慾望。所以離婚最簡單，我再也沒有合法性去控制他了。」

"婚姻對女人最痛苦的地方在於，如果你老是被社會規範套著，你會拿社會規範那一把尺不斷鞭撻著自己，我那時候最大的痛苦就是這個。"

覺醒第一步，跟公公道歉

為了解除自己的愧疚感，也為了不再讓過去的錯誤跟遺憾，影響日後的生活，決定離婚後，余莉立刻寫了一封信給公公，希望公公原諒她因為不想跟他住，說了謊。一張A4的紙，余莉寫得滿滿的，為了方便公公閱讀，她還特地放大成二十幾級的字，「對不起，請你原諒我，我因為怕你，所以跟你說謊……」那時，前夫又住院開了一次刀，公公還不知道他們已經協議好，準備離婚，兩人在醫院見面，久未謀面，一臉尷尬，余莉把信交給公公，還鼓起勇氣問他：「你是要自己回去看，還是我唸給你聽？」公公說，他自己回家慢慢讀。

辦好離婚，余莉趁前夫出差期間，特地找了一天親自上門拜訪前公公。她先去微風廣場買了一盒高級壽司，抱著忐忑的心去按公公家門。那時《零極限》一書在台灣熱銷，作者修・藍博士提倡一種夏威夷傳統療法，用「對不起，請原諒我，謝謝你，我愛你」四句口訣來療癒、清理、改進自己，余莉在公公家一樓大門前也喃唸著這四句話壯膽。余莉說：「那時候我還很擔心，他不給我開門，很無助吧；也八股的想過是不是要跪下來請求他原諒，我只是想要對得起自己的良心。」

沒想到公公為余莉敞開大門，余莉說：「我跟他親自道歉道別，第一次跟他有這麼深刻的談話。我流眼淚，最後還抱著他。他還要把家裡鑰匙給我，我搖頭，因為我沒告訴他，其實我已經跟他兒子離婚了。」余莉說，他沒想到會是這種結果，對於自己第一次能夠敢於面對權威，說出自己的真心話，她感到如釋重負，也覺得自己開始長出一些力量。她這麼不擅長跟權威相處，是因為父親的關係，父親個性非常威權，從小她既畏懼父親，又想親近父親。加上家中經常出入一些有社會地位跟名望的人，她不知道怎麼面對，總是在一旁陪笑臉。

最後處理完跟前夫的關係，前夫把他們夫妻唯一共同的財產一輛車，給了余莉，余莉則把婚戒還了他，「那對他比較有意義，因為那是他媽媽留給他的。其實我前夫很善良，心腸很柔軟，他跟女人搞曖昧，絕非我們離婚的主因。我也體悟到，我不應該只是很膚淺的、只要求獨立自主的女性那麼簡單。」

余莉覺得自己跟母親某些命運有種奇妙的雷同，比如母親渴望無性生活，很詭異的她的婚姻生活也幾乎無性。她不知道這中間有什麼關聯？但是，性這麼重要，余莉懷疑，會不會這社會很多問題都來自性不滿足？余莉想起跟初戀男友的性生活，即使經驗很美好，對方很溫柔，她也只是「接近」高潮，她覺得很多女性都不曾有過性高潮。

她又想起跟前夫的性，一開始談戀愛還不錯，但是到後來，記憶就很淡，最後不和，只想趕快分手。余莉覺得，亞洲社會其實跟西方社會一樣渴求性，但是因為害怕跟壓抑，到最後就通通變成檯面下的辱罵跟暴力，「明明需求很重，卻壓抑到變態的狀況，所以性教育很重要，小二就要教。就是性生活不愉快，才會沒有加辣要打人。」余莉指的是新聞事件那個打小孩的肉圓爸，她覺得他就是性慾沒有被滿足嘛，「有可能整個社會亂源都來自於此。」

走上個體化道路，綻放自我

離婚後，余莉去上了一些自我成長的課，她發現自己跟父母的臍帶根本還沒斷，她有一種衝動，很想搬離父母買的房子。後來她看了一本書《英雄之旅》，一個榮格學派的心理學家談到榮格的個體化過程，個人如何了解在生命旅程所有階段的心理與靈性發展的意義，以及個人的心靈要如何邁向智慧深度的心理歷程。這過程讓人確認自己是獨特的，擁有個別的自我，與父母跟其他權威人士是不同的；而且自我有個發展的過程。

余莉發現自己跟許多女人一樣，難以發展個體化的原因，是因為跟母親太近了，以致於無法發展出完全不同於母親的個別感受。余莉看了之後痛哭，覺得自己終於找到了人生的目標與意義，就是自我探索成長，邁向覺醒的個體化之路。

她動了念想出國唸榮格的心理學，於是開始上網搜尋看有什麼學校適合，最後她找到一間瑞士的學校，算算自己的存款付得起學費，就留職停薪一年，飛到瑞士唸書。「我後來也去接觸神祕學，會唸這些東西都是因為我對認識自己很感興趣。這世界很奇特，我相信宇宙間有些安排。人有高我，潛意識的自性，是你的原型，在沒有認識你的原型時，你只是ＥＧＯ，覺得自己了不起，很自我獨立。很多自我中心的獨立女性，其實ＥＧＯ都很大。」

討論母子情結的《弒母情結》一書指出，所有母親要求的東西，就算找遍全世界都無法找到，那就是——把自己的人生再活一遍，於是她們在跟自己同性別的女兒身上，看到人生重來一次的可能性，所以他們把未竟的期待都寄託在女兒身上。余莉說，自己感覺，母親後來其實非常羨慕她，因為覺得女兒活出自己不敢活出的樣貌：離婚、單身，積極探索自己。「我活出我媽想做的事，或許我跟我媽真的很像。」

「以前我碰到權威會閃躲，但現在我不會了，有可能是我現在也老到變成權威了，所以我要小心不要讓自己變成那樣的人。」余莉說，雖然不斷覺察自省，但是過往幽靈深入潛意識，不時還是會出來攪擾，她又重複說了一次，好像在提醒自己：「真的要小心，你的潛意識裡，有時候會迸出一些傷人的話，仰賴某些權力跟頭銜，你會變成你的爸媽，小心喔。」

過去，余莉總覺得生命缺少某些東西，而這些東西跟她扭曲的自我形象，以及不斷攪擾她成人歲月的不安全感有關。她覺得自己永遠不夠好。沒有安全感則是因為缺少撫育與理解她的母愛。即使這麼多年都在處理這些創傷，余莉偶爾還是會覺得，自己還在受媽媽的氣，還想要跟她討愛，但是她逐漸發現媽媽是沒有能力給她愛了，因為媽媽也不曾從自己的母親那裡得到愛。這種扭曲，關於愛的痛苦經驗，是代代相傳的。她很高興，自己有機會不再複製這種傷害。

對前夫，余莉始終充滿感謝，但是前夫終究還是走上跟父母一樣的道路。不久前，余莉前夫再婚了，對方是個年紀小她前夫非常多歲的溫順小女人。不知道為什麼，這讓她想起那個從未謀面的婆婆：每天忙於家務，掃個廁所可以掃三小時，擦一個廚房可以花半天。公公在她生兒子前，是不回家的，所以她生了三個女兒，公公從來沒有抱過，直到生兒子後，他才開始抱兒子。婆婆後來因為癌症很早逝。「我前夫本來很討厭媽媽的，所以他娶了我，一個跟他媽媽完全不一樣的人。可是最後，他又娶回跟他媽媽完全一樣的女人。最後發現，還是『媽媽』最方便。」

面對母親，余莉說，她現在有種理解，「我媽媽太匱乏了。關於生活與愛，她又從來沒有別的學習過程跟經驗，已經不可能改變了，能改的只有我自己。」當他這樣轉念後，她們母女之間關係竟然也逐漸改善。余莉愛媽媽的方式就是帶她去吃好吃的，最近她帶媽媽去吃櫻桃鴨，媽媽吃完突然跟她說非常好吃，謝謝她。余莉很驚訝，因為母親從來不曾這麼柔軟的跟她說話。「天啊，我媽媽竟然這樣就感覺到愛了，她也太好搞定了，她太可愛了！」余莉滿足了，內心那個原本感覺永遠填不滿的空洞，第一次被填滿，有暖風吹過。

> 「我活出我媽想做的事，或許我跟我媽真的很像。」
> 因為覺得女兒活出自己不敢活出的樣貌：離婚、單身，積極探索自己。
> 余莉說，自己感覺，母親後來其實非常羨慕她，

作者手札

許多父母所謂的嚴厲管教，說穿了就是虐待，反映的也是父母對自己缺陷的不滿與補償。當余莉談到自己受父母影響，心靈深處的匱乏、慾望和恐懼，如何以一種無意識的方式投射在她大多男友跟前夫身上，因而牢牢地掌控著她，我可以清楚感受到她的痛苦。為了不再關係裡複製這些問題，余莉不得不直面自己。知識幫助她認識這些投射到底反映她內在怎樣的心理世界。採訪余莉像是上了一堂心理學。

6

享受性愛，此生我最愛自己

前言

阿惠（五十八歲）

對阿惠來說，性是滿足生理的享樂，她不曾想用性綁住男人，但卻意外懷孕了。為了對孩子負責，她答應跟孩子的父親結婚。

八〇年代女性出路有限，阿惠能做的都是些低薪工作，為了多點收入，阿惠進入酒店當經理，靠著好酒與女人賺錢。阿惠提醒自己，有了孩子，不能再迷失了。在這個性的原始世界，男男女女杯觥交錯，挑情說愛，性慾橫流，阿惠不喝酒，永遠是裡面最清醒的。

她跟孩子說，只養他們到二十歲，就要去過自己的生活。她在婚姻中隱忍了快二十年。離婚後，她與前男友重逢，已到中年的兩人飢渴的享受著遲來的性激情。

沒想到幾年後，男友猝逝，阿惠始終沒掉一滴淚，因為男友跟她說過，人終究會死，但是能有阿惠陪伴，他已沒有遺憾。阿惠說：「我們最終都是一個人，只能從自己身上找快樂。」

不被兒女綁手綁腳的獨立生活

「我才不要結婚，為什麼我要賺錢給另外一個女人花？」在餐桌上，阿惠聽到兒子不爽的說著這些話，不覺莞爾。天氣轉涼了，這天兒子跟女兒約好找阿惠一起吃火鍋。平常阿惠一個人住在十幾坪大的小套房裡，跟兒女各過各的生活，但是兒女跟她感情不錯，經常來找她吃飯。

兒子大學畢業，在外商工作，長得壯碩英挺的他，雖然身邊不乏對象，但是一直難以苟同許多女人認為的「婚後要靠男人養」的想法，所以三十多歲了，仍單身。阿惠心想，或許兒子是看到媽媽個性很獨立，當年她從八大行業裡的一個小會計做到經理，都靠自己一個人賺錢，撫養他們兄妹，他不解身邊許多女性即使看起來獨立自主，為什麼就是想靠男人呢？阿惠的女兒在一旁則不置可否，因為從小看到父親沉迷賭博，對他們不聞不問，她覺得男人根本靠不住。她一直很清楚自己要什麼，拿到碩士學位後，在研究部門服務，由於喜歡跑田野，她很喜歡現在的工作。

阿惠一向尊重兒子女兒，兒女結不結婚，隨他們。從小，兩個孩子就不曾讓她操心。她在酒店帶小姐，兒女由公婆照顧，平常他們自己上學，回家自己做功課，成績一向不錯，兩個都唸明星高中，大學則唸排名前幾個的公立大學。阿惠身邊同事都羨慕她，經常來問她到底是怎麼教孩子的？「我說，我都不用教，是孩子會自己想，自己愛讀書。我真的不是謙虛，我下班回家就累了，經常在睡覺。孩子假日，也不會吵要去哪玩，就自己做自己的事。」阿惠身邊有許多同事跟她一樣是偽單親或單親，但是大多不敢跟孩子說自己在做什麼，可是有時喝得爛醉回到家，就把孩子從床上叫醒，要他們出來罰站，然後罵男人，哭訴自己一個人多辛苦做這行在養他們，既傷害了子女，也扭曲了親子關係。

「我從小就跟他們說，我養你們到二十歲，這二十年我會盡心盡力照顧你們，但是之後我們各過各的。他們成年後，就有他們的自主性跟權力，我只能關心。」阿惠不像很多傳統媽媽那樣，覺得自己為孩子犧牲奉獻，就想要跟他們索討什麼。她雖然出生農村，只唸到高商，書讀不多，但是一直很清楚自己的需求，她一直希望在盡完照顧兒女的義務後，能去過自己想過的生活。

八大行業的公務員

阿惠並不認為做酒店這行見不得人，既然嫁了一個好賭、不負責任的丈夫，怨不得別人，但是孩子是自己生的，她就要負責任的把他們養大。只是她很清楚，在這個充滿性與金錢的世界，誘惑很多，性格很容易扭曲，所以她很留意自己的行事為人。工作的地方是高級酒店，出入都是政商名流、企業老闆，工作時，阿惠總是靜靜觀察客人，學習怎樣應對跟談吐。她說：「客人三教九流，每個小姐個性也都不同，你要站穩自己的腳步，把自己的心擺正，來魔斬魔。」

阿惠很清楚，酒店裡，同事之間的關係都非常表面，但是做人誠信仍然很重要，「這個職場大家互相利用，每個人都沒有一技之長，你只要有人就可以賺到錢，像幹部要有客人，經理要有小姐，人越多賺越多。所以你要知道怎麼跟人相處，才會如魚得水，做起事情才會順。像我做事很誠懇，不會騙人，用真誠的心帶小姐，否則像我這樣什麼都不懂的人，怎麼能在酒店生存？」

看遍這麼多小姐，阿惠說，其實小姐沒有好壞，只有好的生活習慣跟壞的生活習慣。像有些小姐交友複雜，私生活亂七八糟，就此沉淪。也有小姐很清楚進這行就是要賺錢出國讀書或開店，她記得一個年輕姐妹，賺到錢立刻辭掉工作出國，從此跟酒店朋友斷絕來往。一個同事後來在美國碰到她，彼此非常有默契的裝作互不認識，擦肩而過。

就像阿惠很堅持下班就要陪著孩子。她雖然很照顧小姐，但是下班後，就不介入小姐的私生活。她每天一定準時下班，趕到菜市場買菜，趕回家幫孩子簽聯絡簿。下班後，她從不跟小姐外出吃宵夜，也不跟小姐聯絡。她需要自己的空間，也堅持孩子要有正常的生活。在家她不跟孩子提工作的事。

阿惠感激公婆幫忙照顧孩子，每個月固定給他們三萬塊。兒女需要電腦，她買給他們；兒子想學小提琴、女兒想學鋼琴，她也請老師教他們學琴多年。「很多人都以為他們是有錢人家的小孩，哪知道他們媽媽在做什麼？」阿惠說得很坦蕩，她完全不是坊間的那種主流美女，但是一頭俐落帥氣的短髮跟長年維持不變的身材，讓五十八歲的她看起來還是相當年輕時髦。「但是我從來沒有隱瞞過我的小孩，我在做什麼。」阿惠說，有時候週末，她帶著兩個孩子一起吃飯，她再叫長年請的計程車司機載他們回家，偶爾孩子就會跟她一起去公司看看，「他們很清楚我靠什麼養他們，但是他們也從沒主動問過我工作的事。」阿惠心裡明白，其實孩子一切都看在眼裡，才會如此乖巧懂事。

這些年，因為狗仔盛行，很多老闆、政商名流怕被偷拍，都改到私人招待所，高級酒店生意每況愈下。三年前，阿惠決定退休。雖然現在沒有感情生活，但是她很享受一個人的生活，每天睡到自然醒，在家看電視，偶爾跟老同事聚餐跟旅行，她真心覺得自己活在當下，很快樂。「我曾經是個很重視情慾的人，但是現在我沒有對象，也不會去想，就暫時放下，日後總還有緣分，但是不要去渴望，否則會迷失自己。」

阿惠曾經歷過很多困難，也迷失過，但是總算走過來了。

”

「我從小就跟他們說，我養你們到二十歲，這二十年我會盡心盡力照顧你們，但是之後我們各過各的。他們成年後，就有他們的自主性跟權力，我只能關心。」

阿惠不像很多傳統媽媽那樣，覺得自己為孩子犧牲奉獻，就想要跟他們索討什麼。

“

偏鄉少女為男友北上

當年，高商畢業後，十七歲的阿惠離開嘉義鄉下，跟著同村女孩一起到台北找尋同校的男朋友，可是這個男朋友始終沒有出現。

同村女孩還帶著阿惠去晴光市場找同村朋友，又因為朋友的介紹，阿惠開始在舶來品店當店員，沒想到她從此愛上一個人在台北的生活。庄腳囡仔很多舶來品都沒見過，阿惠第一次擠著菲蘇德美冒出白色泡泡，以為都市人是用牛奶洗澡；初次吃冰淇淋，很驚奇那種冰甜滋味，台北的花花世界吸引著她。後來她又換到中山北路服飾店上班，住在公司宿舍。

當時美軍駐台，中山北路很多上班小姐，經常到店裡買衣服，阿惠因此結識了一個跟老外同居的小姐。小姐請她去他們家，阿惠初次看到何謂奢華生活，獨門獨院的美式房子又大又寬敞，地板都是原木的，傢俱跟燈具新穎漂亮，開放式的廚房有著閃亮亮的廚具，阿惠覺得非常稀奇，開始幻想著，以後如果有房子也要弄成這樣。但是小姐有吃藥習慣，一吃藥就發瘋，把阿惠嚇壞了。

阿惠個性不拘小節，很容易跟人交朋友，才半年就跟晴光市場的攤販混很熟。那年代，人情味濃厚，阿惠因為常換工作，有時沒錢，就先跟攤販賒帳。阿惠曾先後在牛排館、國賓飯店當過服務生，但是都做不久。她愛玩，室友在西餐廳當領檯，她經常在西餐廳跳 Disco、玩撲克牌，混到隔天早上。那時正是台灣西餐廳風行的時候，每家都客滿，夜夜笙歌，還有紅中白板跟強力膠等毒品，誘惑很多。還好阿惠人心單純，當時只是愛玩，並不想去接觸這些東西。

後來六條通新開了一家酒店，兩個室友去應徵領檯，阿惠沒有工作，卻不敢去應徵，因為以前在鄉下就常聽村裡的人說，「那是賺食的所在，裡面黑矇矇的，小姐都是被人家抓去的。」可是再過二十天就要過年了，阿惠身上沒有錢，怎麼回家過年呢？不得已只好問室友，酒店需不需要服務生？

「結果我就去當服務生，那時要穿長禮服，我只會端盤子，到現在我都只會端盤子，收杯子。」阿惠說，自己真的什麼都不會。幸運的是，她個性機靈，進去酒店先跟櫃台姊姊打好關係，然後跟廚房兩個外省伯伯混熟，結果他們有好吃的東西都會幫她留一份；還有門口當守衛的上海伯伯，也對阿惠很好。酒店老闆曾是個黑道大哥，後來跟美軍做生意，講了一口流利的英語，對人很好，他答應先借阿惠三千塊讓她回老家。後來會計離職，櫃檯姊姊就推薦阿惠轉做會計，負責結帳。

年輕時性愛開放，婚後保守顧面子

以前會當小姐的，多半是因為家裡困苦或欠債，賺的錢遠遠超過服務生跟會計，但是必須要從事性交易。對阿惠來說，被迫做不喜歡的事，是很可憐的。阿惠對性很熱衷，但是她只願意跟喜歡的男人做。婚前，阿惠曾交過很多男朋友，她說起當時跟男人交往的原則：「對於男女之間的性愛，我很開放，沒有包袱，我會享受我想要的。如果跟一個男人在性方面不協調，我不會跟他在一起。」她一直認為，愛不是這麼容易可以說出來的，所以她從不會將性跟愛綁在一起。

為了多賺點錢，阿惠在領檯介紹下，利用白天到咖啡廳兼差記帳，那是台北第一家咖啡廳兼卡拉ＯＫ，阿惠就在那裡認識前夫。阿惠說：「那時年輕，愛玩，沒想過要結婚，我對我前夫也是這樣，大家在一起玩玩就好，你也不用負責。沒想到我懷孕了。」當時，前夫的媽媽找上門來，說要帶阿惠去醫院檢查，接著又說要找媒人來提親，阿惠傻傻的就同意了。

婚後，阿惠才發現公婆非常寵溺兒子，總是不停跟在兒子後頭幫忙還債。前夫在當兵時，就拿公款去賭，婆婆覺得阿惠既然為人老婆，就要幫忙還債，要求她跟公司借錢幫兒子補上這筆錢，阿惠跟公司借了錢，經濟負擔越來越沉重，也曾靠信用卡借錢周轉。

小孩滿周歲時，先生退伍了，也不工作，阿惠很想離婚，但是想到家鄉的媽媽，她就退縮了。阿惠的父親也是個吃喝嫖賭不顧家的男人，阿惠媽媽跟公公學做豆花，就靠著在村裡推車挨家挨戶賣豆花，養大他們幾個兄弟姊妹，她真的不想讓媽媽知道她婚後過著怎樣的日子。「離婚，下港人會覺得多沒面子，我怎麼能讓我媽在村裡抬不起頭來？所以我怎樣都要忍。」

阿惠歎氣的說，「我這麼重視性，但是我跟老公的性生活卻偏偏不怎麼樣，我二十歲起跟他結婚十七年，睡在同張床的次數，數都數得出來。總歸一句，我就倒楣註定嫁給他。他常常不在家，我也不會去找他，我就上我的班，過我的生活。那時腦袋想的不是愛與不愛，而是保守。我結婚，是人家的媳婦，我就要做到好。不離婚，也是怕我媽媽跟小孩沒面子。」

阿惠也曾經想幫先生站起來，她勸他看需要充實哪方面的能力，從頭做起。「我還回去跟我媽媽借了一百多萬給他，我騙我媽說，我要做美髮。三十幾年前，一百多萬是非常多的錢耶，我老母是在賣豆花的呢，是要怎樣勤儉才能賺到這些錢？可是我老公一樣把錢搞光。」阿惠說，當年媽媽也接了很多手工回家做，阿惠總是在一旁幫忙。媽媽很會理財，賺到錢就去買土地，直到現在，阿惠還受惠於母親，母親前陣子又賣了一塊土地，給了她兩百萬。「我媽完全不重男輕女，那時我經常跟她借錢，所以我現在常跟我媽媽說，當初如果沒有你，我會很淒慘。我母親是我最大的貴人。」或許阿惠就是自小看到母親獨立的身影，所以她在外面做什麼都覺得要自己負起責任。而母親除了支持她，都沒有多說什麼。母女倆似乎早就明白，孩子是獨立個體。

阿惠在酒店工作後，經濟能力改善了。她盡力幫忙支付婆家開銷，家裡缺什麼，她都會買，但是公婆不領情，總是認為自己的兒子好，都是媳婦阿惠沒做好。他們老是在阿惠兒女面前說她的不是，阿惠怕兒女跟公婆起衝突，總是一笑置之。「我兩個孩子為什麼不會歧視我？因為從小，我跟我公婆的一言一行，他們都看在眼裡。兒子也曾為我打抱不平，都被我安撫下來。」阿惠知道，不管她怎麼付出，公婆都會認為是應該的，誰叫你是媳婦？直到阿惠的兒子考上大學，阿惠決定離婚，婆婆才醒悟，是自己的兒子有問題。

”

「對於男女之間的性愛，我很開放，沒有包袱，我會享受我想要的。如果跟一個男人在性方面不協調，我不會跟他在一起。」

她一直認為，愛不是這麼容易可以說出來的，所以她從不會將性跟愛綁在一起。

“

離婚後享受全新的高潮契合

離婚後，因為婆婆挽留，阿惠跟兒女繼續留下來跟公婆一起住了幾年。有一天，阿惠突然接到一通電話，竟然是以前認識的男生打來的，阿惠非常驚訝，他能找到她。當年他們認識時，他有女友，但是兩人互相吸引，上了床。阿惠很喜歡他，後來問他，到底他要挑誰？結果男人說他不忍心放下女友。阿惠拂袖而去，男人後來去當兵，阿惠也嫁人了。但是男人始終對她念念不忘。

十幾年過去，男人離婚了，重新找到她。阿惠說：「當他聽我說，我離婚了，他說：你又要讓我犯罪了。他約了我幾次，但是剛開始我一直跟他保持距離，因為我會怕，我經濟已經很獨立了，不用靠別人，我很怕再碰到像我前夫一樣的壞人。」也許是彼此都成熟了，「後來我們發生關係，我才知道男女之間達到高潮是怎樣的。以前我只是生理上的快樂，但是我跟他在一起，生理心理都很舒服，我們無話不談，身心靈合一。」她情慾全都甦醒了，嘗到了生平第一次身心靈皆滿足的高潮。

為了安心跟他約會，阿惠在市區買了間小套房，就是阿惠目前住的地方。男人經常開車帶阿惠環島台灣，到處玩，兩人共度了幾年很愉快的情侶生活。「我們在一起十七年，生活平穩，性生活美滿，我真的非常快樂。後來他到前妻家，突然說不舒服，就心肌梗塞走了，連一句話都沒有跟我講，那天我還在公司上班。我到殯儀館時，也沒有掉一滴淚，我笑嘻嘻的。因為，他常跟我說，人終究會死，不用哭，哭也沒用。」

如今阿惠已經不容易再為男人動情了，看著她現在平靜無波瀾的生活，很難想像她年輕時經歷的那些風雨。「他曾跟我說，他跟我在一起，人生已沒有遺憾，因為我是最好的。我的真命天子已經死了，再過來碰到的都是雜七雜八，露水姻緣。其實男人我見多了，現在要遇到見識比我多、我喜歡的，已經不太可能了。」

從心所欲、不受制於人的自得自足

阿惠其實很滿意自己的人生，她覺得好像每一段緣分都註定了，「我很感謝老天爺，一直很幫我，讓我沒有墮落。其實自己的心很重要，這一路上我就是聽從自己的心。」

阿惠覺得，順著自己的心做事，似乎會有好運。像婆婆簽六合彩輸了，阿惠二話不說，幫她付了近六十萬賭債，「其實我沒有任何想法，只是看他們倆老可憐，想幫他們。」離婚後，婆婆希望她不要搬走，她又跟婆婆住了幾年，後來是婆婆想賣房子，她才搬離公婆家。雖然公婆後來賣了房子，沒有分給阿惠半毛錢，但是阿惠始終很感恩，因為那時為了搬出婆家，她才會買現在這間套房，而當時房價正低，否則依現在昂貴的房價，她根本買不起，那現在豈不就得依靠兒女？「所以我很知足，滿足於現況。我覺得一個人在房子裡就很享受，不管做什麼。」

只是阿惠一直無法理解前夫到底在想什麼，兩人離婚多年，前夫再娶了，生了一個孩子還很小，他現在在開計程車養家。但是，前夫從來不曾打電話來問一句，她跟孩子過得好不好？「我跟兒子常談到他爸這一點，我們都無法理解怎會有這樣的人？」阿惠說，兒子還曾說要改成母姓，被她阻止。「涉及家庭倫理這一部分，我還是比較傳統。」

「至於我自己是比較獨立，不用靠男人，就像我媽，也是靠自己。離婚後，我才跟我媽講，我離婚了，她笑笑的。結婚是我決定的，離婚也是我決定的。」阿惠覺得，女人要有自己的想法跟做法，不要受男人牽制，否則一輩子為情轉，永遠難逃男人的手掌心。

阿惠經常想起以前帶的那些小姐，總是為了感情發酒瘋、想不開，她怕她們喝酒鬧事，又怕她們沒檯坐，賺不到錢，總是在一旁守著她們。這些小姐總是要花很長的時間才能平復心情，平復的原因都是因為交了新男友，填補了空虛，然後就這樣繼續循環，「最笨的女人就是這種，真的很可憐。」阿惠冷靜理智地說著，「你問我有沒有愛過人？我最愛的人或許是我自己。」現在的阿惠不再受任何人束縛，隨心所欲的過著自己想要的生活。

“「後來我們發生關係，我才知道男女之間達到高潮是怎樣的。以前我只是生理上的快樂，但是我跟他在一起，生理心理都很舒服，我們無話不談，身心靈合一。」她情慾全都甦醒了，嘗到了生平第一次身心靈皆滿足的高潮。”

作者手札

男人在酒店花錢是大爺，但是在酒店工作的男人比女人還弱勢。一次阿惠跟幾個退休老同事在咖啡廳聊到欲罷不能，只見阿惠身旁一位五十多歲、微禿的男人始終沉默不語。男人曾是酒店廚師，為了多賺點錢轉當經理。他交往過的女友都是酒店很漂亮的小姐，後來小劉沒錢，小姐也走了。曾經滄海難為水，從此小劉再也看不上其他女人，至今獨身。小惠常鼓勵小劉多看書看雜誌，接觸人，擴展見識，不要話題永遠只有酒店，但是小劉都不接受，也不願屈身去當保全，還活在過去。

7

想自由不婚　卻難跳脫母職牽絆

前言

玉瑩（四十歲）

玉瑩從小看著母親被父親施暴，糾纏多年離不了婚，最後母親不得不拋家棄女換取自由，因此玉瑩從不將結婚列入人生選項。由於童年時期欠缺穩定溫暖的情感，玉瑩很難跟人維持長期的親密關係，她也不相信愛情。

但是玉瑩渴望父愛，不自覺追尋像父親一樣的男人；又因為對母親仍有著愛恨交織的依賴，玉瑩渴望能有孩子，彌補媽媽在自己成長歲月裡的缺席。

玉瑩愛上一個跟父親很像的男人，跟他有了孩子後，她覺得他們是彼此最好的伴侶跟朋友，這樣的家人關係用愛維繫，不需要婚約，也可以長久維持。

直到孩子的父親告訴了她，他在外面不堪的祕密。玉瑩會選擇像媽媽那樣出走嗎？

廢材主婦十年的重新發展

在美國東岸這個小鎮，進入九月這一天，天好藍，陽光燦爛，雖然天氣逐漸轉冷，卻是很舒適的季節。女兒未來要讀的高中就在這個小鎮，玉瑩幫女兒辦好入學手續，趁著還有幾天時間，全家在小鎮附近走走，享受最後歡聚。

這次帶著先生跟兒子，送女兒來美國唸書，玉瑩覺得自己真的是突破了家庭主婦的舒適圈。從網路找資料、規劃行程、訂飯店，到當地開始找路、搭車、找飯店、找學校……玉瑩全部自己來。她每天用著破英文向老外問路、買東西，遇到的老外都很和善、耐心的聽她講，溝通還蠻順利的，讓玉瑩逐漸練出一點自信。

看到女兒在國內唸國中，填鴨教育讓她很不快樂，玉瑩下定決心，女兒國中一畢業就送她出國唸高中。她想要女兒很開心、很自由的發展。她很感謝先生願意出這麼多錢支持女兒出國受教育，這是她幾經說服，他才同意的。他們談好，女兒一年一百多萬學費，她分擔五十萬。

為了負擔女兒的學費，今年她開始加入先生公司網站設計的新業務，她運用以前做銷售員累積的溝通能力，負責跟客人溝通，了解客人的需求之後，再傳達給工程師看如何設計。最後完成的網頁，客戶都很滿意，案件量逐漸增加，已經排到半年之後了。玉瑩很有成就感，雖然是在先生底下工作，但是如果不是靠她說服業主的能力，這些案件大概很難成功。先生太習慣當老闆了，雖然很懂策略和解決問題，但是完全不擅於跟客戶溝通表達，以及揣摩業主的需求，有幾個客戶私下跟玉瑩說，如果是他先生來跟他們談，他們不會把案子交給他做。

目前玉瑩跟先生搭配得很好。雖然工作不輕鬆，但是玉瑩心裡盤算著，這樣穩穩的接案，應該夠付女兒高中三年學費了。玉瑩內心因為重新找回工作的熱忱而感到雀躍，想到自己當廢才主婦十年了，剛開始回職場時還非常忐忑，不知道自己會什麼，也不知道自己在職場上有沒有價值，如今逐漸找到定位，她感到踏實喜悅。玉瑩在 Instagram 上面，興奮的宣告著：「我不再是孩子的媽、家中的女傭、誰誰誰的誰，今年，我找到了我自己。」

看似幸福家庭，實無婚姻關係

十年前，兒子出生，因為不好照顧，玉瑩就從先生小呂公司的工作退下，專心在家帶孩子。說是「先生」，其實他們沒有結婚，兩人在一起十八年，玉瑩無法跟外人解釋他們之間複雜的關係，對外就以先生稱呼孩子的爸；跟孩子的爺爺奶奶，也以公婆、媳婦互稱。

五十二歲的小呂，中廣身材，笑起來露出酒窩，像個縮小版的彌勒佛。小呂就是個「好老公」的形象，平日有空都親自接送玉瑩跟孩子。小呂因公司業務關係，常有出國機會，他也經常帶著全家同行，順便度假。在外人跟朋友眼中，他們是很幸福的一家人。

玉瑩私下稱呼先生為小呂，她二十三歲在他公司上班，兩人相戀時，小呂正跟前妻分居、談離婚。「我會跟小呂在一起，是因為他很老實，雖然我們沒有結婚，但是我很看重這段感情，我曾經覺得我們真的可以在一起一輩子，維持很好的家人關係。但是現在，我們的關係比較像室友。」說這些話時，玉瑩正邁入四十大關，她的神情一如往常那樣開朗。第一次這麼坦白對外人披露跟小呂的真實關係，對個性倔強，不輕易示弱的玉瑩來說並不容易。從小父親家暴，為了保護媽媽，養成玉瑩極為強悍的一面；又為了自我防衛，玉瑩已經很習慣對同學、朋友隱藏家裡的狀況。她戴上一層又一層的面具。

玉瑩說，記得小時候，父親每天在外喝酒到凌晨回家，就開始發酒瘋，她身為長女，總是帶著妹妹備戰。但是不管父親吵到多晚，玉瑩隔天一早還是振作起精神，去學校上課，「我跟同學也相處很好，總之就是開心開朗，漂漂亮亮。我就是要維持一個很正常家庭的樣子。以前這樣做是因為倔強、愛面子；現在這樣粉飾太平，是不想兩個孩子受傷。」

玉瑩跟小呂沒結婚，一方面是因為當初他跟小呂在一起時，小呂還沒結束婚姻，另一方面則是因為玉瑩不想結婚。從童年時期就看著母親忍受父親外遇、家暴，卻離不了婚，非常痛苦，玉瑩因此對婚姻很不信任。那時玉瑩真的很怕媽媽被父親打死，經常叫她走，母親不肯走，留下來卻又不斷嘮叨著：「我為了你們，熬過一天又一天。」反覆聽到母親如何為她們姊妹倆壯烈犧牲的話，玉瑩感到非常厭煩。她決定以後絕不要走跟媽媽一樣的路，她不想為愛情犧牲，也不要為孩子跟家庭犧牲。

沒想到玉瑩有了兩個孩子後，也面臨跟母親當年一樣的難題：到底是該留下來，還是離開？她終於了解，有了孩子，真的沒辦法說離開就離開。

”玉瑩內心因為重新找回工作的熱忱而感到雀躍，想到自己當廢才主婦十年了，剛開始回職場時還非常忐忑，不知道自己會什麼，也不知道自己在職場上有沒有價值，如今逐漸找到定位，她感到踏實喜悅。“

以為伴侶老實，不料仍受騙

六年前，小呂因為公司產品賣到中國大陸，有兩、三年頻頻往返中國。三年前，小呂有次從香港轉機回來，彷彿有事想跟玉瑩說，卻屢屢欲言又止。

最後，小呂終於跟玉瑩開了口：「我有件事不得不講，我生病了。」玉瑩很緊張問他：「你生什麼病？」小呂才說，他去嫖妓染了病。聽到這，玉瑩震驚到難以置信。她想起幾天前，她借小呂的手機用，微信突然跳出了問他什麼時候回來的曖昧短訊，這時她終於明白是怎麼回事了，原來小呂在外面早就 high 翻天。小呂繼續說：「我會跟你講，只是因為，要你去醫院檢查，我怕傳染給你。」玉瑩覺得小呂太過分了，要玩，卻不注意衛生安全，更沒想過對她的責任，她很憤怒，情緒幾乎崩潰。

「我對這段感情真的很不捨，因為完全沒有徵兆。就好像在一天當中，我的世界塌掉了。在那天之前，這個世界不是這樣，他就是很好。對我很好，對小孩也不錯。」玉瑩說，唯一異樣就是事情爆發前半年，小呂吵著要花數十萬去植髮，玉瑩媽媽一直提醒她，小呂有鬼，否則一個矮胖的中年男人，幹嘛在意禿頭？玉瑩還罵媽媽神經病。小呂為了釋疑，之後每次到中國，一進飯店房間，就跟玉瑩視訊，拍房間給她看，證明房內沒有其他人。

「現在回頭看，他當初就是心虛。」三年過去了，現在玉瑩談到這件事，已經能自我解嘲了，「我後來當然去檢查，不然怎麼辦？到醫院，醫師問我，要檢查什麼？他旁邊還站著一個很帥的實習醫師，我根本開不了口，我當時覺得，我的人生怎麼這麼黑暗啊？幸好檢查結果沒問題，如果有問題，我一定不會放過他。」

在經歷震驚、痛苦、傷心等所有的情緒一輪之後，玉瑩開始捫心自問，「為什麼會走到這種地步？」玉瑩不斷追問小呂：「你不滿意我哪一點？你這些事情是發生多久了？是到中國大陸就發生？還是在中國的這幾年都有？」沒想到小呂非常不友善的回她，「你問這麼多幹嘛？」對小呂的反應，玉瑩很錯愕。「我們不是還想走下去嗎？既然我們要走下去，難道我不值得你一個道歉跟坦白？」小呂冷冷的叫玉瑩別來這招，「你們女人才不會真正原諒別人，講這些事到最後都變成你日後翻舊帳的素材而已。」

看小呂拒絕解釋的那種冷峻跟高姿態，玉瑩心想，小呂連道歉求和都不想，是因為前妻之鑑，他認為破鏡難圓，所以這次想速戰速決。她卑微的又退了一步，提議兩人一起去做心理諮商，把彼此的心結打開。玉瑩心想，為了保護這個家，她鋪了一條路想讓兩人復合，只要小呂願意走上來……結果小呂態度依然強硬：「不用說什麼和好、溝通！開個數字出來，看是我走，還是你走，我通通答應你！」

小呂拒絕溝通，表示他已經不在乎這個家了，難道小呂是想要繼續外面那種光鮮亮麗、爽翻天的生活？玉瑩感到很受傷。這十年，她跟小呂之間幾乎已經沒有性生活了，她也曾懷疑小呂出軌的對象其實是男的，他是男同志。但是不管事實如何，既然確定小呂是放棄這個家了，玉瑩去找律師，也開出小呂願意並付得起的條件。

考慮孩子權益，無法說走就走

但是這個分手價碼，玉瑩卻始終沒有開給小呂。

顧慮到兩個孩子的未來，玉瑩不能說走就走。她不想讓小孩覺得，媽媽為他們犧牲，也不想讓小孩認為，這個家庭已經破碎，爸媽還硬要在一起，她決定在孩子面前，裝作一切都沒發生。玉瑩說得一臉堅定：「雖然我跟小呂的關係已經不同，但是對孩子來說，這個家庭從來都沒有改變，父母就像以前一樣。」

但是剛開始的時候，玉瑩一看到小呂就難以忍受，她怕影響小孩，於是用盡所有力氣去克制自己，不能在孩子面前露出絲毫對他們父親不悅的表情跟動作。她表現得一如往常，即使有時真的很想要諷刺小呂幾句，她都忍著告訴自己不能這樣做。為了給小呂留面子，玉瑩也沒辦法跟媽媽、妹妹，還有好朋友講。有兩年時間，她痛苦到經常想尖叫，只能在洗澡的時候哭。

每次想到兩個孩子是如此纖細敏感，特別是兒子才唸小學，她不敢想像如果跟小呂分手，兒子會有怎樣的反應？她很怕自己一個人無法承擔這些。隨即玉瑩又想，不行，不能這麼脆弱，要堅強。後來她暗自決定，小呂在外面爽不爽是一回事，可是他對家庭的責任，她不會讓他以為用錢就可以逃開。「他可以不要對我盡責，反正我們也沒有婚姻關係，但是如果他忽略孩子的感受跟責任，我不會讓他好過。」

對於媽媽和爸爸的關係，玉瑩的兒子後來似乎敏銳的察覺到什麼。以前玉瑩跟小呂走在一起，他總是硬插到中間，將兩人擠開；可是現在，他總是左擠右擠把她跟小呂擠在一起，讓兩人的手互牽。玉瑩說：「我一直反省是不是我透露了什麼，但是我盡力了，如果兒女察覺什麼異樣，我也沒辦法。」

玉瑩決定按捺住離開的衝動，因為她曾經很深的體會到，父母不在身邊的日子有多苦，她不要小孩像她以前那樣。

玉瑩唸國二那年，媽媽終於受不了爸爸的折磨，選在玉瑩姊妹放暑假，到奶奶家玩的某天離家了。「我回來，發現我媽東西都搬走了。我媽真的走了，不告而別，沒有留下隻字片語。」玉瑩說，如今她已經忘記當時自己是什麼感受，因為她接下來忙著應付父親。玉瑩的父親在妻子走後，突然覺得不能沒有她，從此不喝酒了、也不打人，整天可憐兮兮的龜縮在房間角落。

接著，他帶著玉瑩姐妹去南部外婆家長跪，要她們懇求外婆告知，媽媽到哪裡去了？後來又到處去找媽媽的朋友問，繞了台灣一大圈，找不到人，玉瑩的父親開始鬧自殺，兩次都被玉瑩發現救回來。玉瑩只好找爺爺來，爺爺痛罵兒子：「人也是被你逼走的，你現在要死要活，是有什麼毛病？你別留在傷心地了，有辦法你也走吧！」玉瑩的父親終於不鬧了，當時他有個朋友在美國開餐廳，他買張單程赴美機票，跳機到美國找朋友。

”顧慮到兩個孩子的未來，玉瑩不能說走就走。
她不想讓小孩覺得，媽媽為他們犧牲，也不想讓小孩認為，這個家庭已經破碎，
爸媽還硬要在一起，她決定在孩子面前，裝作一切都沒發生。“

有兒女後，覺得自己媽媽太自私

「可能當了媽媽以後，我才覺得媽媽的責任很重大，所以我媽一走了之這件事情就是一種自私。因為當時，我和妹妹無法一下子承受這麼多——爸爸的悔恨痛苦、親戚的關心或冷眼，學校等等……」說到這裡，玉瑩眼神黯了下來，父母不在身邊，最讓她難以招架的，是旁人的那種歧視眼光。

父母走後，玉瑩退了租來的房子，和妹妹搬去天母跟奶奶住，原來的學校離天母太遠了，玉瑩得轉學。轉到新中學那一天，訓導主任跟輔導室老師看到玉瑩的成績很普通，就問：你爸媽都不在身邊，你不會是個壞小孩吧？玉瑩不知道怎麼回答。訓導主任又表示，成績是沒關係啦，但是品行更重要，他們很怕那種沒有爸媽、會做壞事的小孩。聽到這裡，玉瑩再也受不了了，她把成績單搶回來揉爛，一路哭著跑出校門。她憤怒的想著，「你們到底憑什麼這樣問？我只是轉個學，而且爸媽分開是我的錯嗎？我應該要承擔這些嗎？」

看到校門口有教無類那幾個字，她停了下來，「我那一刻覺得這真是放屁到了極點，我阿嬤追出來，叫我不要這樣。我趕快擦乾眼淚說我不讀了，我要回原來的學校讀。我阿嬤說，怎麼可能，都轉出來了，而且那學校那麼遠。老師也追出來說，好啦，讓你入學。我說我不要，就走了。」玉瑩鼓起勇氣回原學校，要求主任讓她回來讀，主任說好。當時已開學一週，同學在背後指指點點，但是玉瑩硬著頭皮回原班就讀，直到畢業。

玉瑩堅強的支撐著，但是她只是個十三、四歲的孩子，真的很想念爸媽。父親從美國打電話回來，她哭著說很想念他，感覺自己像孤兒，原來孤兒是這種滋味。母親則毫無音訊。

玉瑩是始終感覺到奶奶很愛她，路才沒走偏。她妹妹就學壞了，開始抽菸、交壞朋友。升上高中，玉瑩半工半讀，但是單單付學費就讓她覺得負擔沉重。父親在玉瑩唸高一時回來了，跑去開計程車。玉瑩父親還是那麼花心，一張嘴很會唬爛，經常帶不同的女人回家。新學期又要繳學費了，玉瑩累積的打工錢還不夠付，問爸爸有沒有錢，爸爸要她把學費單放桌上，他來想辦法。

可是有天玉瑩下課回家，發現桌上一張紙條寫著，「對不起，爸爸走了。」玉瑩說：「我愣在那裡好久，反應不過來。後來又是阿嬤到處跟親戚們借錢，才湊出那一學期的學費，我覺得好丟臉，我告訴自己，絕不要再這樣。」後來玉瑩瘋狂打工，她去民調公司打電話、去百貨公司做試吃小姐，她永遠是裡面業績最好的。

說不完的這些痛苦，讓玉瑩整個中學幾乎沒辦法好好讀書，她怎麼能夠再讓它們發生在一對兒女身上？所以玉瑩說什麼，都不能離開，她要維持這個家庭的完整。

追逐著父親的身影

小呂曾提議，玉瑩也出去玩無妨，這讓玉瑩覺得，小呂已經不愛她了。但是玉瑩還是放不下這段感情。

玉瑩對小呂的感情跟對爸爸一樣矛盾，既充滿愛，又極為無奈。小呂年長玉瑩十二歲，玉瑩當年挑了年紀大的他，就是因為他很像父親，「他很像我爸，一張嘴很會講，有點才情，是個夢想家；但是某部分又很不成熟。」

從小玉瑩就很希望父親愛她，但是父親始終沒辦法愛她，玉瑩因而對感情有很大的遲疑跟不確定性，所以她不太容易跟男人建立很長的關係。在跟小呂在一起之前，玉瑩談過四段感情，玉瑩說：「我不要為了愛情犧牲一切，不管交多少男友，既然決定分手，我一定是甩頭就走。雖然還是會傷心，但是不太可能很久，因為我人生中最愛的人——我爸，已經傷我最深，其他相較起來都是小兒科。」

因為對父親的移情作用，玉瑩深受小呂吸引，跟小呂在一起後，玉瑩開始想跟小呂建立比較長久的關係。「我交往的男生都高高帥帥，只有他當時很魯蛇，但是我又覺得他做事專注，很有理想，只是懷才不遇。沒想到幾年後，水餃股變成績優股。」玉瑩認識小呂時，他就是個將心思全部放在工作上的男人，對創業充滿想法，很有熱忱，腦筋又動得快，雖然當時生意還在起步，負債不少，但是經營幾年，公司開始賺錢。

玉瑩敬佩小呂，但是有時又覺得小呂非常豎仔，那種矛盾的情結就跟對爸爸一樣。像玉瑩提起已經過世多年的父親的行徑，大都很荒謬不成熟，比如不肯跟玉瑩的媽媽離婚，卻又不斷外遇；連後來改去開計程車，都可以把女乘客帶回家上床。「但是，我對他與其說恨，應該是愛跟寬容吧。我爸非常匪類，但是他也教我很多。比如我爸很喜歡古典音樂，我也喜歡。父親是廚師，開過大小餐廳，連帶我也很愛做菜。我覺得他在我心中留下很深的軌跡，比我媽還深。我第一本書《西遊記》也是他送的，我這輩子愛閱讀都是因為我爸。」小呂在生意上也教玉瑩很多，沒想到連外遇，小呂都跟玉瑩的爸爸很像。

當年原諒爸爸，如今原諒小呂

玉瑩覺得，外遇跟離婚在台灣家庭這麼普遍，但是很多人都沒有能力處理這些人生問題。像她父親的家族因為太有錢，大家深怕吃虧，就爭相花錢，滿足慾望，感情都很紛亂，最後搞到家族有一半的人外遇，一半的人離婚，不會處理金錢跟外遇，整個家族終於被搞垮。

如今又遇到小呂外遇，玉瑩有時會認為，外遇是男人的天性，既然自己不是林志玲，就接受小呂外遇吧。但是即使自己是林志玲，跟小呂在一起十五年，也會變胖吧。她開始挑剔自己也是個見識淺薄的歐巴桑，連自己都不欣賞歐巴桑了，如何讓只看外表的男人欣賞她？每天一大堆混亂扭曲的想法縈繞在玉瑩心頭，玉瑩很怕自己瘋掉，後來她告訴自己，既然自己還沒走，不能繼續讓負面情緒影響孩子，她一定要先照顧好自己身心的健康，她決定原諒小呂。

嫖妓事件爆發後，玉瑩就跟小呂分房了。某個假日午後，看小呂午睡應該醒了，玉瑩去敲小呂房門，宣告式的對小呂說：「第一，我以朋友立場原諒你的所作所為，因為你曾是我最好的朋友，沒什麼不能原諒的。第二，從今以後，我們是自由的個體，你不用再對那件事愧疚。如果這種生活是你選擇的，你就去，但是你別忘了，這個家還維持在這邊。我今天為什麼還在這裡？就是因為兩個孩子。我希望我們兩個有這個共識。」玉瑩講完，轉頭就離開了。

玉瑩那次宣告後，小呂對感情仍然是不說不談不表態。玉瑩看小呂沒打算和好，覺得既然自己決定原諒他了，感情部分，她就不再跟小呂溝通，也不再檢討、過問跟提起小呂做過哪些事。玉瑩說：「我當然還沒有辦法原諒他，但是原諒是一個決定，當我決定原諒了，我才會往那條路上走。」雖然選擇不多，玉瑩還是希望有點主控權，她也不想影響孩子應該有的權益，她覺得不管怎樣都要忍到孩子滿十八歲。

不是說不要像媽媽那樣犧牲嗎？玉瑩有時也覺得自己很矛盾，但是，父母的情感模式讓人感到如此熟悉，玉瑩不知不覺複製父母的關係，也將這樣的關係投射在自己和孩子身上。

”我不要為了愛情犧牲一切，不管交多少男友，既然決定分手，我一定是甩頭就走。
雖然還是會傷心，但是不太可能很久，因為我人生中最愛的人——我爸，
已經傷我最深，其他相較起來都是小兒科。“

當年未婚，決定生下自己的孩子

算算玉瑩女兒出生時，小呂還沒離婚，玉瑩難道不怕女兒出生，非婚生子女所要面對的壓力？玉瑩一開始到底哪來勇氣決定生孩子？

彷彿為了重建自己跟母親的相連，玉瑩跟小呂交往後，就很想要有自己的孩子。當時跟妻子正處分居狀態的小呂，每天忙著工作，他的妻子因為憂鬱症，整天躲在公司樓上，玉瑩看到他們的女兒被夫妻倆踢來踢去，下課就一個人在公司門口玩。小女孩觸及玉瑩內心某個區塊的情緒，那是來自玉瑩母親一聲不響離家後，帶給她的受傷跟失落感，她一直以為自己沒受影響。可是當看到小女孩沒人照管，她母性大發，開始照顧她，每天幫她綁頭髮、買飯給她吃。

但是不管玉瑩再怎麼疼愛小呂的女兒，孩子都不是她的，最後玉瑩不得不放手。對於為什麼生下女兒？玉瑩一開始是說：「小呂跟我說，既然喜歡孩子，我們自己來生。」後來玉瑩終於鬆口說，這其實是自己的決定，「我想生出一個自己的親人吧，那時年輕，憑的就是一股傻勁，有一種即使沒有人幫忙，我也要把孩子生下來，獨立帶大的想法。」玉瑩也坦承，那時小呂的媽媽不喜歡她，「我有點想要生兒子來提昇自己的地位，也想滿足我公婆跟我先生的期待。記得當初照超音波得知是女兒的時候，我很失望。」

女兒出生後，改變了玉瑩很多。以前玉瑩個性很嗆辣、憤世嫉俗，對感情很悲觀負面，看到有情侶感情好，總是冷眼以對，「哼，開心個幾年後，就不會有這種好日子了啦。」女兒讓玉瑩整個人變得柔軟溫和，她看世界變得美好，開始想要祝福全世界的情人。就在那個時候，玉瑩才察覺，自己對媽媽有股一直沒表達出來的怨氣——你怎麼可以說拋下我們，就拋下我們？玉瑩覺得自己這麼愛女兒，如果有天她要出逃，絕不會像她媽媽那樣丟下她們姐妹倆，她一定要帶著女兒一起走。

無法信任婚姻，仍渴望有穩定的家庭跟伴侶

在女兒還小時，玉瑩還真的曾兩度帶著女兒離開小呂。一次是在女兒一歲多時，她原以為小呂能很快離成婚，但是，女兒都快兩歲了，小呂整天忙著工作，根本不急於處理離婚。而他的前妻每天下樓來跟玉瑩嗆聲，罵她是小三。玉瑩說，「她講得沒錯啊，我就是小三啊。後來我去質問小呂，若他們夫妻會復合，他講一句話，我就立刻走。如果真的要離婚，就盡快處理，

我不想一直當人家小三。」

當時，小呂為了平息玉瑩的憤怒，安排玉瑩到她最喜歡的日本留學圓夢。玉瑩抱著探索的心情帶著女兒到日本，在日本，玉瑩白天上語言課程，女兒則去上幼稚園。接送孩子時，她認識了從台灣到日本唸書的夫妻小賴跟家恩。小賴身形圓胖，很像小呂，玉瑩留意到女兒看著小賴夫妻跟兒子互動的羨慕眼神，玉瑩覺得女兒也是有爸爸的，這樣對她太不公平了，在日本待不到一年，她就帶女兒回台灣。玉瑩說，回頭看，「小呂沒離婚那七年，很多時候都很辛苦，但是我非常喜歡那種掙扎和痛的感覺。我追求的愛情有一種被虐的特質，痛苦但是我很甘願，我以為那是愛。」

回台灣後，小呂仍每天將心思擺在工作上，整整一年半，玉瑩面對的處境都沒有改變，玉瑩死心了，她跟小呂要了一筆錢，又帶女兒去了日本。第二次到日本，玉瑩是真的想跟小呂一刀兩斷，她想慢慢獨立，但是帶著孩子，根本沒辦法打工，眼看著身上帶的錢就快花完了，她不想再跟小呂拿錢，但是第二年的學費跟房租又要繳了，她很苦惱。這時，小呂突然來日本找她，說公司要擴大，希望她回台灣幫忙，他保證這次會好好處理離婚。玉瑩看女兒真的很喜歡爸爸，就想再跟小呂試看看，於是又跟女兒搬回台灣。

小呂終於離婚，不久，玉瑩意外懷了第二胎。兒子出生後，小呂跟公婆都很高興。兒子逐漸長大，很聰明，又愛耍寶，很得小呂跟公婆的疼愛。玉瑩每天在家全職照顧兩個孩子，小呂也很盡責養家，雖然小呂很不會表達感情，孩子也從來不是他的重心，但是這樣的家庭關係，玉瑩很滿足了。

之前，玉瑩有很深的不安全感，一直覺得小呂有一天會跟她搶小孩，為了確保孩子是她的，兩個孩子一直跟著她姓，孩子的父親欄也是空的。兒子五歲時，小呂提議認領兩個孩子，讓孩子改回父姓，玉瑩這時想法改變了，她覺得，既然撫養費都是小呂出的，她就答應了。反而是女兒不願意，那時女兒漸漸大了，她一直覺得父親不關心她，想繼續跟著媽媽姓。玉瑩勸她，她和弟弟跟誰姓這件事，對她爸爸有認祖歸宗的意義，比對玉瑩重要多了，她要女兒等成年獨立，還想跟媽媽姓時，再改回來。

”

玉瑩終於鬆口說，這其實是自己的決定：

「我想生出一個自己的親人吧，那時年輕，憑的就是一股傻勁，有一種即使沒有人幫忙，我也要把孩子生下來，獨立帶大的想法。」

“

媽媽相勸，當家庭主婦也要領薪水

玉瑩的媽媽在玉瑩高二時回來了。玉瑩覺得媽媽變得時髦又性感，講話也變得嗆辣了，跟記憶中的媽媽不太一樣。玉瑩一直問媽媽為什麼要不告而別，離家後，又對他們不聞不問？玉瑩的媽媽解釋，因為太害怕玉瑩父親把她抓回來。玉瑩媽媽還提到，有一次竟然非常巧的搭到玉瑩爸爸的車，她整個人嚇壞了。當時，玉瑩的父親要求玉瑩媽媽要付兩姊妹的學費跟買書桌的錢，玉瑩母親只好給了他三萬塊。母女倆提到這件事，才發現，玉瑩根本不知道這筆錢，她的學費都是自己打工賺的，那筆錢大概被父親拿去玩樂了。

玉瑩說：「我媽回來後，找回了失去的個性，變得有活力、漂亮，她對男人也變得霸道，變得很愛錢。她就是把自己照顧得很好。我內心很矛盾，如果她當年沒走，不是被父親失手殺害了，也會滅頂，形成另一種死亡。但是，我仍覺得，她還是太自私了，只顧自己。」

玉瑩媽媽後來買了房子，住在玉瑩跟小呂家附近，她覺得女兒總是凡事為小呂考慮，卻忽略了照顧自己。

玉瑩媽媽經常勸玉瑩要存錢，就算全職照顧孩子，還是應該要跟小呂拿薪水。玉瑩媽媽很嚴肅的對玉瑩說：「你不是伸手牌，你有你的價值。你當初領多少薪資，現在當家庭主婦也應該要領這些錢。因為你們沒有結婚，這是你應該要的。」玉瑩剛開始還覺得媽媽用錢衡量感情，不太能接受媽媽這種想法，直到她去了小賴跟家恩在仁愛路的家。

那是九十坪的名宅，裝潢雅緻低調，還有庭院跟游泳池，小賴家族從事貿易，很有錢。家恩當年留美回來就在精品店當經理，嫁給小賴後，公婆跟先生反對她上班，她只好辭掉工作。除了家用，家恩的公婆每個月另外給家恩三萬塊，她都存起來。家恩在日本時，就常提醒玉瑩，「男人不值得相信，女人一定要存錢。」可是當時，玉瑩沒聽進去。直到看見家恩過著貴婦的生活，尚且未雨綢繆，她覺得自己豈不是更需要存錢？她想起媽媽的勸戒，回家立刻跟小呂說，希望小呂給家用外，還能像以前那樣給她薪水。

最後兩人談好，小呂每月給玉瑩二十萬，扣掉房貸、家用跟孩子的學費，差不多還剩三、五萬，玉瑩就把這些錢全部交給媽媽，媽媽定期幫她買基金、股票跟美金。

這筆錢十年累積下來，有幾百萬了。玉瑩很感謝媽媽當年的提醒，就因為有這筆錢，她在跟小呂的關係生變時，還有「底氣」。玉瑩說：「我不至於沒有退路，也不需要為生活將就，可以有選擇權。」其實玉瑩的母親雖然現實，但還是用她自己的方式支持玉瑩。玉瑩有次跟小呂吵得很凶，想離開小呂到英國唸書，媽媽二話不說，叫她先去申請學校，她來幫她準備錢，後來是玉瑩又不去了。玉瑩坦承自己留下來，也是恐懼離開舒適圈。

一心為兒女，無意另覓新戀情

玉瑩始終不明白，小呂很依賴她，又不愛她，是把她當保母嗎？還是孩子的媽？親人？兄弟姊妹？想到傷腦時，她便自責自己又來了，既然得不到答案，再想只是自尋煩惱。「去年，我逐漸不再問小呂問題了，我開始有一半時間，感覺心裡比較開闊了。那個心裡的放手，進步得很緩慢，但是我跟自己說，只要每天踏出一步，就要給自己拍拍手。這三年，我就是用一種很痛苦、忍耐的心境，一步步走過來。」

既然已經不會跟小呂復合了，玉瑩會想另外找一份感情嗎？玉瑩提起，以前母親為了賺錢養他們，曾結束家庭主婦的生活，到俱樂部上班，後來跟一個叔叔發生感情，一直到現在，但是玉瑩自己做不到。「我如果刻意找，當然遇得到。我前男友就曾問我，要不要跟他在一起，反正他也跟老婆不合，為了孩子又不能離婚，既然兩人處境相同，雙不倫最適合了，結束就各自回家。我拒絕了他，既然是『前』男友，就表示不適合，我幹嘛回收？」

其實玉瑩是刻意迴避了所有感情發生的可能性，不想讓事情更複雜。「我不想因為急著逃出去，就什麼都不顧的去找個男人來填補，那後果太難預期了。做媽媽的發生一夜情或跟人談戀愛，就算沒人知道，你回家還會把心思放在兒女身上嗎？我對這事比較傳統，我還是沒辦法面對兒女。無法面對的，還有家裡那一個男人。」

偶爾，玉瑩對小呂還有眷戀，但是到了現在，玉瑩對這段關係已經越來越釋懷了。她規劃著，如果女兒高中唸得不錯，大學就到日本唸比較便宜。她現在滿腦子想的都是如何趁著小呂還有意願付錢，趕快送兒女出國受教育。「我以前處在那樣的環境，根本唸不好書，所以當女兒出國讀書，就是把我的一部分帶去，我真的感到很開心。」一個好友曾質疑玉瑩，「根本不是她想去，是你想去吧，既然你想去，你為什麼不自己去呢？」玉瑩說，「我怎麼可能自己去？當媽媽只有一份錢，但你有兩個小孩，你肯定會把自己排在後面。」

母職跟自我終難平衡

這幾年，隨著玉瑩的袒露與面對自己，玉瑩逐漸露出童年那個純真小女孩的樣貌。她說，當年那個小女孩長太快了，因為角色錯置，被迫要取代父母照顧家人。

玉瑩父親晚年，不管是開店還是跑路，都找玉瑩拿錢，玉瑩有能力，就是不斷給父親錢。最後父親因糖尿病住進安養院七年，也都是玉瑩在支付安養費，玉瑩的妹妹一毛都不肯出。「其實這輩子傷害我最深的不是小呂，而是我爸，我這輩子就是希望我爸愛我，但他就是不愛我，也沒有辦法愛我。所以我想找個愛我的男人，但是最後，我還是找了一個不愛我的男人。」或許玉瑩就是太習慣拯救他人，以至於無法好好做選擇。父親也跟小呂一樣，從沒跟玉瑩道過歉，玉瑩一樣也原諒了父親。玉瑩說，「父親過世時，什麼也沒說，我只好自己在他靈前跟他說，我原諒你了。」

「小呂傷害過我，但是跟我爸比，只是小菜一碟，我會度過的。未來我女兒恐怕會跟我有一樣的問題，因為小呂對她的感情比較疏離，我可以感覺女兒很渴望父愛。但是，那是女兒未來自己要去面對的課題了。」玉瑩說，或許女兒隱約知道她跟小呂之間的關係，慢慢的玉瑩也會跟女兒說清楚，玉瑩希望給女兒受的教育，能讓她未來比玉瑩更獨立堅強，更了解自己。

「我有時也會覺得我莫名奇妙，無法對婚姻承諾，又想要一個穩定的家庭跟伴侶，最後，我用忍耐暫時保有家庭，做的正是我以前叫我媽不要做的事——犧牲。」如今玉瑩已經看清，這個家需要一個媽媽，不需要一個女人，她已經能用平常心看待小呂在外面自由發展他的感情，「只要他以自己開心的方式過就好，不需要大家都不開心。」

我們總是很容易看到別人人生哪裡出了問題，卻對自己的人生渾然未覺，玉瑩不結婚就是不想重複父母婚姻的錯誤，但是沒想到，她繞路而行，最後還是踩入水坑裡。「感情我無法控制，但是我對兩個孩子的愛跟保護，一如初心，就算我慢慢變老，我也不後悔自己的選擇。我這樣很棒了。」

三年時間，讓玉瑩想通很多，對兩個孩子真心的喜愛，也讓她對孩子無所要求。她規劃著，等兒子十八歲後，她也會去開展屬於自己的生活。「我現在就是盡量學習成長，把生活過得精彩，想通之後，我反而很期待孩子長大之後，自己自由的每一天。」玉瑩最後還是很感謝母親，「我媽的經驗無法幫助我在感情裡不苦、不敗，但是她勸我理財，或許是讓我能夠迅速站起來的關鍵。」

玉瑩媽媽很嚴肅的對玉瑩說：「你不是伸手牌，你有你的價值。你當初領多少薪資，現在當家庭主婦也應該要領這些錢。因為你們沒有結婚，這是你應該要的。」

作者手札

得知小呂出軌後，玉瑩假面壓抑了真實情緒三年，玉瑩發現自己竟然沒有瘋，就很想找人宣洩。此時，她遇見了我。她開始一層層剝開自己。我感覺她愈來愈清楚，小呂和她的愛情已逝，這些揭露像個告別過去的儀式，催促她該往前走了。

【後記】

當初想寫這本書，是來自朋友一篇短文。

她寫她每天一整日疲憊的工作後，沿著大學校園外側，趕著回家給家人做飯。每次看著校園內，下班後的校外人士開心的在操場上跑步、打籃球跟聊天，她總是非常羨慕。她覺得大家都有下班時間，她卻沒有，她上完班，還要趕回家做她的第二份工作——煮飯、打掃、照顧孩子，而這還是一份沒辦法支薪的勞動。有時她忙到晚上十點多，想休息一下，她在餐桌前坐下看書，但書才翻不到兩頁，她先生就很不高興的拿著掃把走到她面前說：「你不應該看書，你應該去掃地。」她如果在外面上課進修晚點回家，先生就把大門上鎖，不讓她進家門。

這位朋友在孩子長大、從工作退休後，跟先生提離婚。她先生竟然說，所有財產都是他賺的。後來她離家出走，開始寫作，她想弄清楚，為什麼在婚姻裡，女人會遭受這麼多不公平的待遇。

每次想到朋友寫的短文，我都感到非常悲傷。職業婦女在工作跟照顧家庭間苦苦掙扎，身邊的男人都無意分擔家務；遑論許多全職家庭主婦，整天被無情的要求做這做那，工作重複，掌控性低，連自己是誰都快忘了，因為她們的身分是誰誰誰的媽媽、某某某的太太，已經少有人提起她們的名字了。為了家庭，她們在人生某個階段放棄了自己的野心跟目標，每天在做不完的家事中磨損自己，得到的評價卻低得可憐。

她們承擔起照顧孩子的全責，非常孤立，為了滿足孩子的需求，耗盡所有力氣。如果她們抱怨，身邊人就說，「你沒有上班，不就是要把家庭照顧好嗎？」沒有人支持她們。當她們支持著先生事業的發展、孩子的未來，她自己的未來呢？當孩子大了，先生不再需要她了，這些早已被掏空到枯竭的女人怎麼繼續往後的人生？是繼續忍受這個婚姻，還是離婚？當她重回職場，她還有什麼事業可以發展？她有勇氣承受其中的經濟風險嗎？

* * * *

我採訪的第一個女性朋友雲秀，也曾困在這些問題裡。她是我五年前在《蘋果日報》擔任記者時，進行訪問而認識的朋友。當時，我訪問她是為了她支持女兒跨性。當我問她怎麼看待女兒變成兒子時，她告訴我，雖然她很不捨從小這麼漂亮貼心的女兒要變成男生，但是她希望女兒快樂，所以她支持女兒跨性的決定。停頓了半晌，她又說，更重要的是，女兒變成男人後，再也不用像她這樣忍受男人的欺負了。我永遠忘不了當時雲秀講這些話時，落寞的神情，因為當時她先生固定出去找女人，而且強迫她接受，她如果跟先生爭執，先生就暴力相待。採訪當天，雲秀先生又外出打野食了，雲秀心裡隱隱作痛，卻還在反覆的自責，自己到底做錯什麼，才讓先生會這樣對她？

雲秀曾經深深的相信著，結婚男女都奔向夕陽裡無限幸福的許諾，直到婚變，她才知道，婚姻給女人的報酬是非常不公平的。她在財務上完全依賴先生，除了繼續聽任先生主導，還有其他可能嗎？跟雲秀失聯的這四年，我常想起她，思索著這些年，她還好嗎？前年，在雲秀女兒的臉書上看到，雲秀女兒在完成移除子宮跟女性生殖器的手術後，經過兩年健身，已變為成熟有魅力的男人了。他告訴我，媽媽現在過得很好，她在他的支持下，離了婚，在中部找到了喜歡的工作，如今一個人獨立，充滿喜悅的生活著。我真的很驚喜，她是怎麼做到的，這次，我決定訪問她，讓她成為本書第一個故事的主角。

離婚四年後，雲秀告訴我：「我覺得，現在的我才像是一個真正的女人——心中有愛，有自己喜歡的工作跟興趣，擁有自己可以支配的時間跟金錢，這才是真正幸福的女人。」這不就如同維吉尼亞・吳爾芙在《自己的房間》一書裡寫的：「所以，當我要求你賺錢，並有自己的房間時，我其實是要求你活在現實裡，一個看起來生氣蓬勃的人生。」

九十年前吳爾芙對女性的提醒，九十年後，活生生地展現在一個醒悟後的家庭主婦的現實生活裡。這真的很不容易。讀者讀完前面雲秀的故事，可以看到雲秀能走到這一步，是在經過許多嘗試跟摸索，歷經了許多生理跟心理上的不堪後，才完成的。她先前所付出的各種血淚代價，沒有成為徒然。

女人覺醒之難，其中一個原因是，她們將自身所承受的不公平對待都視為正常，女人不都如此嗎？但是，並不是這樣的，這樣的看法不知道折損了多少女性的才能跟生命。我看到了女人一旦覺醒後所展現的才華跟精彩，若世界少了這些，會是很大的損失。

＊　＊　＊　＊

雲秀在看自己的書稿時，還是難過到數度落淚。她說，以前自己婚姻狀況好的時候，不管看電視，還是聽別人講這類故事，都不會感動，只覺得那是別人的事。可是當自己走過一遭，再聽別人的故事，她相信真的什麼事情都可能發生。「我有時會想，天底下有這麼笨的女人喔？怎麼可能？我真的不相信。可是就是有，我就是其中一個，而且愚昧到不行。舒適圈真的太恐怖了。」

雲秀說的舒適圈是指，人困在那些熟悉的老舊情緒跟環境，就像自己往自己身上綑綁的枷鎖，「一圈圈的繩子、不，是鐵鍊，從頭、腦袋的思想、心，綑綁到手腳，還鎖上了一層一層的鎖。除非自己解開這些枷鎖，否則任何人都沒有辦法幫忙。噢，還有上帝幫忙，那麼他才能走出來。」雲秀停頓了一會兒，搖搖頭又說，「我看要用原子彈炸開——就是這麼的難。」

舒適圈其實一點都不舒適。

女人的覺醒之難，還有一個原因是，女人在跟男人衝突時，為了維持和諧，已經習慣將憤怒藏在心裡，並且自責，因此更容易沮喪、低自尊，因而讓她們更加依賴，不敢出去冒險。

除了雲秀，這本書書寫的另外六名女人也都歷經過各種不同的衝突跟不堪，才走到這條覺醒的路上。這裡面糾結著：原生家庭帶來的創傷，對父母親充滿矛盾、愛恨交織的強烈需要；以及女人被輕忽、被迫放棄已久的潛能跟夢想，還有始終未能滿足的慾望。她們往往到了中年後，覺得一定得要做點改變，才能安頓自己；也自覺到，不論是原生家庭或進入婚姻所受的種種壓迫、不平等對待，那些傷害停損到自己這一代就好了，不要繼續複製下去了。

就像怡雯從童年到婚姻，走過不堪聞問的路徑，當她走出來學習，內在的藝術生命被開啟，注入了許多美麗的元素後，她自此得到了滋潤，因而更有能量面對單親及終老的事實，而不是焦慮的想抓住孩子。她為自己的人生重新開了一扇窗，其間孩子也透過這扇窗，開展了更瑰麗的路徑。

但是，這條路真的很遙遠，遠到有時她們以為自己是不是走不到了。而我也曾被她們的情緒帶著走，也會為她們的愚痴，為了男人沉淪、陷溺，完全失去自我而感到不舒服，甚至憤怒。有時她們也會不自覺的從受害者變成加害者，也傷害了其他人，但是，在父權文化底下，她們終究都是受害者。

她們最終還是從這個迷霧森林裡面慢慢走了出來，找回丟失已久的自我。當恐懼被解放，勇氣就來了，不管過去做了什麼，就是原諒，坦然接納那都是自己，都是完成自我所必經的過程。她們敢於走出舒適圈，面對自己，那種勇氣，令人尊敬。

＊　＊　＊　＊　＊

在這些女性身上，我常看到我母親跟我姊姊的身影。我父親很早過世，我母親做工賺錢養大我們家三個孩子，她內心裡或許也對自己盡職扮演賢妻良母而感到自豪吧。我母親真的非常能幹，經濟獨立，到現在還自己養活自己，沒花過兒女的錢，但是她卻極為依賴我哥哥，只要兒子偶爾疏忽她，她就感到落寞難過。我跟姊姊怎麼勸她，照顧好自己，安樂過晚年，都沒有用。我媽曾告訴我：「出嫁從夫，父死從子。」所有快樂都建立在兒子身上，所以我的母親並不快樂。

還有我的姊姊，當年為了女兒走進家庭，也把女兒教育得很好。我外甥女高中就做伊波拉病毒的研究，深受老師讚許；高三因為有感台灣土壤汙染問題嚴重，就決定選讀土壤環境科學系，後來她進入中興，參加系務、社團做生態保育，盡情展現自己的才能，關懷這塊土地。我一直覺得她是我們家族中最優秀獨立的女性。但是繁忙的大學生活，讓她累壞了。大三那年的聖誕夜前夕，大雨中，她騎車趕赴學校參加化學考試，因為暈眩意外滑倒出車禍而過世。我姊姊數度崩潰，幾乎無法活下去。在她內心深處，她一直自責沒有照顧好女兒，覺得自己很失敗。

姊姊曾告訴我，孩子是父母的未來，她苦心栽培女兒，就是希望她展翅飛翔，如今她走了，翅膀斷了，她已經沒有未來……我當時聽聞這些話，既哀傷又帶點怒氣，我告訴她，「你自己還有翅膀可以飛啊。」

外甥女琬瑜過世六年多了，這些年，姊姊哀悼女兒、療癒自己，這過程，她寫詩、寫詞、寫家族歷史。台語歌手謝銘祐是她在社大的老師，他在看到我姊姊思念女兒的詩後，深受感動，為其譜曲。雖然我姊姊現在還是家庭主婦，但是她從不間斷認識自己，走出傷痛，我覺得她越來越有力量，真的很棒。

那天我寫完〈作者序〉，寄給我姊姊，她讀完給了我一大段話：

過去，琬瑜的傾聽給了我很大的情感支持，她各方面沉穩的表現，相當彌補了我童年至青春正盛之生命各階段，無法如願以償的學習與缺憾。因此她的離去，有很長一段時間，我內心深處感到屬於我正在展翅的青鳥破碎散成一地，不復收拾也無從收拾的痛苦。那份失落鑲嵌在生命血輪裡的每一寸細胞，連呼吸都會痛！

慢慢地，我發現我不能再作如此的期待與投射，而且也逐漸了解，就算許多父母都不免對孩子有這種不適當的心態，也不意謂著這種心態是合理存在並且正確的。透過學習，我逐漸看見並尊重生命的歧異度，發現每一個生命都是來完成自我，而不是成為別人的代理人。日子在混沌中流逝，就算能放下不經意的投射，但要適應失去那份貼心的傾聽和同理心的陪伴，還是需要時間以及許多其他愛我支持我的朋友的陪伴。

我希望這本書，也能陪伴幫助那些正在左右為難的女人、正在痛苦掙扎的女人。

＊　＊　＊　＊

曾經先生是雲秀的天，天塌了後，如今雲秀自己撐起一片天。最近她在社大幫學生辦完刺繡成果展，非常開心地告訴我，學生做得比她好，「如果此時此刻我要死去，我也沒有任何遺憾。我感覺我已經是很幸福的女人。我希望跟我一樣經歷的女人也能走出來，跟我一樣陽光燦爛，幸福美滿。一個人也可以很幸福，很美滿，不一定要兒孫滿堂。」

過去一年多，我一共訪問了十五位女性，只挑其中七位書寫，是因為有些故事還在陷溺、掙扎、發展當中，無法告一段落，我因而暫時擱筆。感謝這些女人誠懇地分享她們的生命經歷，並給我機會長時間觀察她們，得以記錄下她們的成長與蛻變。

二〇二〇年一月

賢妻良母失敗記：
掙脫束縛，女人們自我覺醒的生命故事

作　　者：陳玉梅
責任編輯：李佩璇
主　　編：劉璞
責任企劃：劉凱瑛
副總編輯：林毓瑜
總 編 輯：董成瑜
發 行 人：裴偉

美術設計：蔡尚儒
內頁排版：宸遠彩藝

出　　版：鏡文學股份有限公司
11070 台北市信義區東興路 45 號 4 樓
電　　話：02-6633-3500
傳　　真：02-6633-3544
讀者服務信箱：MF.Publication@mirrorfiction.com

總 經 銷：大和書報圖書股份有限公司
242 新北市新莊區五工五路 2 號
電　　話：02-8990-2588
傳　　真：02-2299-7900

印　　刷：漾格科技股份有限公司
出版日期：2020 年 02 月 初版一刷
I S B N：978-986-98373-6-1
定　　價：340 元

國家圖書館出版品預行編目 (CIP) 資料

賢妻良母失敗記 / 陳玉梅著. -- 初版. -- 臺北市：鏡文學, 2020.02
面；　公分
ISBN 978-986-98373-6-1(平裝)

1. 女性傳記　2. 臺灣傳記　3. 自我實現

783.322　　108023114